CHINA LITERATURE
AND ART FOUNDATION
中国文学艺术基金会　资助项目
中国文学艺术发展专项基金

世界

图书馆

纪行

图书在版编目（ＣＩＰ）数据

世界图书馆纪行 /（韩）柳钟珌著；乔文译 . -- 北京：中国摄影出版传媒有限责任公司 , 2022.12

ISBN 978-7-5179-1273-6

Ⅰ. ①世… Ⅱ. ①柳… ②乔… Ⅲ. ①图书馆 – 介绍 – 世界 Ⅳ. ① G259.1

中国国家版本馆 CIP 数据核字 (2023) 第 020490 号

北京市版权局著作权合同登记章图字：01-2020-6019

Copyright © 2018 by Yoo Jong-pil

All rights reserved.

This Simplified Chinese translation copyright © 2023 by China Photographic Publishing & Media Co., Ltd.

This Simplified Chinese edition published by arrangement with Woongjin Think Big Co., Ltd., Korea through Rightol Media Limited.

（本书中文简体版权经由锐拓传媒取得 Email:copyright@rightol.com）

世界图书馆纪行

作　　者：[韩] 柳钟珌　著

译　　者：乔　文

出 品 人：高　扬

责任编辑：宋　蕊

策划编辑：郑丽君

版权编辑：张　韵

装帧设计：胡佳南

出　　版：中国摄影出版传媒有限责任公司（中国摄影出版社）

　　　　　地址：北京市东城区东四十二条 48 号　邮编：100007

　　　　　发行部：010-65136125　65280977

　　　　　网址：www.cpph.com

　　　　　邮箱：distribution@cpph.com

印　　刷：北京科信印刷有限公司

开　　本：32 开

印　　张：12.25

版　　次：2023 年 5 月第 1 版

印　　次：2023 年 5 月第 1 次印刷

印　　数：1— 4000 册

ISBN　978-7-5179-1273-6

定　　价：79.00 元

倚靠在古老的书架上
品味历史沉淀下来的知性

世界
图书馆
纪行

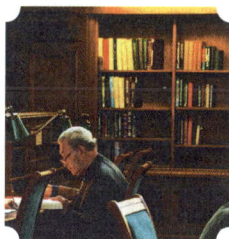

[韩] 柳钟珌 著

乔 文 译

中国摄影出版传媒有限责任公司
China Photographic Publishing & Media Co., Ltd.
中国摄影出版社

我的图书馆纪行不会就此结束

不知不觉间，距离本书的初版发布已有 8 年之久了。在此期间，我又探访了许多世界各地的图书馆。每到一座陌生的城市，我都会探寻当地的图书馆。有时根本无须刻意找寻，无意之间就能机缘巧合邂逅当地的图书馆，因为它往往就坐落在城市文化最具代表性的市中心。在欧洲很多国家，图书馆的地理位置就是在如此重要的位置上的，可以说是众星捧月。

我自封为"图书馆的传播使者"，多次采访相关专业人士，撰写了许多与图书馆相关的文章，并到各地开展演讲活动。一直以来，我不遗余力地创建、推行"步行 10 分钟的小图书馆"运动，在韩国国内产生了一定的影响，"知识便当"（书籍）配送项目也已步入正轨。本书在中国台湾省和日本经翻译后顺利出版，我倍感荣幸。

此次修正版文稿中，我又添加了三座具有重大意义的图书馆。屹立于古巴革命广场的何塞·马蒂国家图书馆是其中之一。图书馆内，革命领导人卡斯特罗的人生足迹处处可寻，彰显着图书馆与古巴革命历史之间千丝万缕的联系。人们也可由此发现，在这片清苦却浪漫的土地上，切·格瓦拉和海明威的踪迹也无处不在。还有丹麦皇家图书馆，这里既是北欧最具代表意义的图书馆，又是国家品牌，有着"黑色钻石"之称。追随存在主义之父索伦·奥贝·克尔凯郭尔和著名童话作家安徒生的足迹，我们可以觉察到这座图书馆所特有的建筑哲学。奥地利的阿德蒙特修道院图书馆曾被誉为"世界第八大奇迹"。当这座图书馆真的矗立在我们眼前时，我们不由产生疑问："美丽究竟为何物？"而问题的答案就在其中。

书籍是人类的精神食粮，是需要随身携带的必需品，是可以提高生活质量的实用品，更是人类最伟大的发明之一。

史蒂夫·乔布斯曾说道："如果可以的话，我愿意用我所有的科技成果去换取和苏格拉底共进午餐的机会。"在图书馆里，我们可以"遇见"苏格拉底，也可以"遇见"柏拉图；可以"遇见"三皇五帝，还可以"遇见"达·芬奇。分文不花，我们就能"会晤"古今中外的绝世天才，并与其深入"沟通"，达到"共鸣"。如此看来，图书馆才是真正意义上的生活起始点。

追随灵魂的指引，我的图书馆旅程就此成行。延续至今，图书馆依旧引领我不断前行，我的图书馆纪行也不会就此结束。

写于壮志凌云的小图书馆

柳钟珌

邂逅知性

对于图书馆来说，我算是一个"徘徊在窗外的男人"。某一天，我这个窗外的男人突然闯了进去，开始琢磨这个名为"图书馆"的大家庭，先了解他们的家庭构造、生活模式、家庭成员，以及整个家族的运营方式、家规条文；之后又开始对"大海对岸的另一家族"产生了兴趣，想要继续一探究竟。记者出身的我始终改不了多年来养成的职业病，一直秉承着这样一则信条：只有不断探索才能找到答案。如果只是一味点头、唯唯诺诺，终究不会大步向前。胸怀探索世界的冲动，手持形似钩子的问号，我开启了世界图书馆之旅。

数年光阴，我的足迹遍布世界各地70多个图书馆。我何其幸运能有机会徜徉在人类伟大的知性文化中，感受人类睿智的灵魂。这些图书馆历史悠久、底蕴深厚，吸引了诸如国家领导人、著名学者、文人骚客等无数杰出人物前往。每当漫步其中，我都仿佛穿梭于古今交织的时空，不禁对伟人的先见之明和真知灼见肃然起敬。这种激动与感动绵延不绝，一直持续到我撰写本书时，还是会忍不住回味这些伟大图书馆的绰约风姿；横亘千年的古籍经典依然散发着质朴醇厚的纸墨香气，至今萦绕在我周围，沁入心脾。

我的图书馆纪行始于"图书馆之国"——美国（本书的顺序是

结合内容重新排列而成的）。美国图书馆无论是馆藏规模、建馆历史，还是与市民生活的无缝衔接，都让我耳目一新，震撼不已。在返回韩国的途中，我取道日本，造访了日本图书馆，思及那些曾流落日本的韩国珍贵古籍，心中难免百感交集。

从世界上较早的图书馆之一——埃及亚历山大图书馆开始的第二次旅程，经由意大利、德国、英国，结束于法国。亚历山大图书馆拥有着梦幻般的美感，珍藏着2000多年前克利奥帕特拉、阿基米德、欧几里得的智慧结晶。欧洲的图书馆普遍蕴含着本国引以为傲的历史和璀璨文化，彰显着本国文明进程的存在感。在第二次旅程期间，我还抽空参观了韩国国内多座意义非凡的图书馆。

关于图书馆纪行的介绍，我已写了一些篇幅，现在我想谈谈个人的所见、所闻、所感。在下斗胆自居为"图书馆的传播使者"，在报纸上发表专栏评论，到各地发表演讲，我的"历史与哲学集大成之图书馆""由读者（reader）变为领导者（leader）"等讲座主题也颇受欢迎。但是发表专栏、四处演讲的机会逐渐增多，我却不知为何开始感到空虚和不安。仔细一想，原来是因为之前仅仅对西方国家的图书馆有较多了解，其他地区国家与西方国家到底有何不同？比如中国和俄罗斯都是文化艺术非常发达的大国，图书馆也发展得颇为完善。经历一番思考之后，我首先来到了俄罗斯。

俄罗斯的图书馆比世界上任何国家的图书馆都要独特、有趣，好似一座奇特的宝库。俄罗斯图书馆坐落于地球最北端的文化艺术城市圣彼得堡，这里浓缩着俄罗斯的近现代史历程。在俄罗斯图书馆，我有幸拜读到陀思妥耶夫斯基、托尔斯泰等大文豪的经典古籍，这让我至今激动不已。

中国的图书馆热潮可谓风生水起。中国的图书馆向世人展示着其作为世界四大文明古国之一的威严。中国图书馆的发展重点从以往的"硬实力"逐渐向"软实力"转变，这也从侧面展现出了中国对传统文化、价值观念与国民素质前所未有的重视。

在探访俄罗斯和中国的图书馆时我才发现，到目前为止的世界图书馆纪行只完成了一半而已。本书是第一本在韩国介绍俄罗斯图书馆的书籍，从这一层面来看，这本书已然算是意义非凡。此外，这部作品还向大家介绍了朝鲜人民大学习堂，那是我在 2005 年访问朝鲜时有幸参观的。在成为"图书馆的传播使者"之前，我就访问过该图书馆，与其说是图书馆，倒不如说它更像是一座雄伟壮丽的宫殿，其"英武的身姿"令人无限感慨。邂逅它的那一瞬间，我切身感受到了金日成洞悉读书与学习的重要性、大力发展图书馆的坚定意志。探访之始，包括朝鲜在内 16 个国家的图书馆巡礼就此拉开帷幕。

图书馆到底为何物？图书馆是一片肥沃的土地，付出耕耘便有收获。在图书馆里，付出多少努力就有多少收获。为寻找书籍付出了多少努力、为研究知识耗费了多少精力、为改变思想倾注了多少心血，最终图书馆就会回报你多少，这里可谓真正的"公平之地"。土地给人类提供食用之粮，图书馆为人类提供精神食粮。我们不应在图书馆里寻找四叶草带来的"幸运"，而应该寻找三叶草带来的日常"幸福"。图书馆超越了学问和思想的界限，是拥有想象和思想自由的空间。"书山有路"，图书馆里有数不尽的"道路"，有羊肠小道，也有高速公路；有通幽之曲径，也有通途之大路；最为重要的是，有人生成功之路，也有追寻幸福之路。

参观世界上最优秀的图书馆是我的夙愿，如今能够天遂人愿，我感到荣幸之至。探访人类创造的数十座知识宝塔，让我感到无比幸福和感动——独自享受这一专属的感动，把这种感动变成内心深处不足为外人道的幸福，而不是随波逐流的大众化幸福。这世上一定有很多像我一样希望拥有"专属幸福"的人，为了同他们共享这份感动，我方才提笔写了这本书。我经常为了探访图书馆而茶饭不思、废寝忘食。从俄罗斯回韩国的那天，我全身心沉醉于图书馆之中，以至于差点错过航班。现在想来，这些全都成了人生最珍贵的回忆。为了将所经历的真实与感动尽量生动、完整地表达出来，我将与图书馆相关人员的谈话以及旅行的全过程进行录音，也拍摄了大量影像，以便读者能够更加全面、立体地感受图书馆的真正魅力。

最重要的是，我想写出一本通俗易懂又风趣幽默的纪行书。如果某种食物索然无味，即使营养价值再高，恐怕也鲜有人问津。本书并不是单纯地罗列图书馆介绍，而是努力将每座图书馆所蕴含的人文历史、哲学思想、时代印记传达给读者，从这一层面来看，虽然不敢自称佳作，但也还可以勉强算得上是呕心沥血之力作。

承蒙各界人士关怀，此书才得以顺利完成。在此特别感谢韩国国会图书馆俄罗斯专家金綠阳（音译）老师和俄罗斯圣彼得堡大学经济系朴钟洙（音译）教授的悉心指导。感谢所到国家的韩国大使和总领事等使领馆工作人员、国会派遣立法官、韩国国会图书馆相关管理人员。同时向熊津出版集团崔奉洙代表以及各位编辑们致以诚挚的感谢！我的妻子之前也从事过图书馆管理员的工作，我会把这本书献给在家里偶尔称我为"馆长先生"的妻子。

汝矣岛国会图书馆

柳钟珌

目录

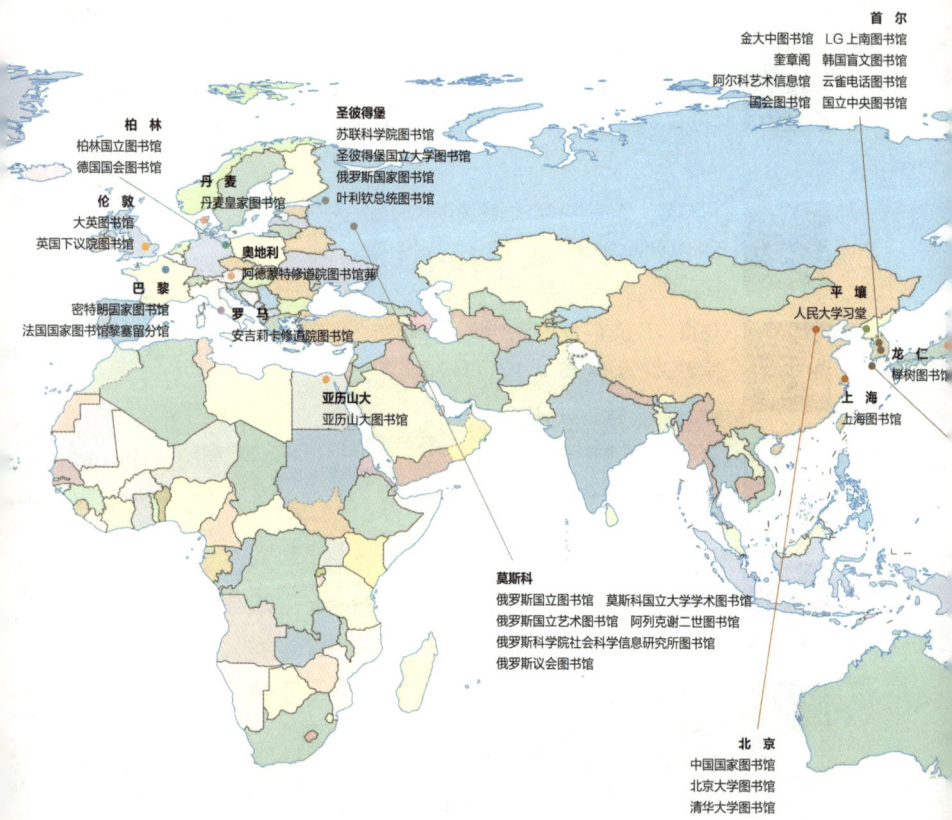

首 尔
金大中图书馆　　LG 上南图书馆
奎章阁　　　　　韩国盲文图书馆
阿尔科艺术信息馆　云雀电话图书馆
国会图书馆　　　国立中央图书馆

柏 林
柏林国立图书馆
德国国会图书馆

伦 敦
大英图书馆
英国下议院图书馆

丹 麦
丹麦皇家图书馆

圣彼得堡
苏联科学院图书馆
圣彼得堡国立大学图书馆
俄罗斯国家图书馆
叶利钦总统图书馆

奥地利
阿德蒙特修道院图书馆菲

巴 黎
密特朗国家图书馆
法国国家图书馆黎塞留分馆

罗 马
安吉莉卡修道院图书馆

平 壤
人民大学习堂

龙 仁
榉树图书馆

上 海
上海图书馆

亚历山大
亚历山大图书馆

莫斯科
俄罗斯国立图书馆　　莫斯科国立大学学术图书馆
俄罗斯国立艺术图书馆　阿列克谢二世图书馆
俄罗斯科学院社会科学信息研究所图书馆
俄罗斯议会图书馆

北 京
中国国家图书馆
北京大学图书馆
清华大学图书馆

波士顿
波士顿公共图书馆　哈佛大学法学院图书馆
哈佛燕京图书馆　约翰·肯尼迪图书馆

纽约
纽约公共图书馆

旧金山
旧金山公共图书馆

洛杉矶
洛杉矶公共图书馆

华盛顿
美国国会图书馆

东京
日本国立国会图书馆

哈瓦那
何塞·马蒂国家图书馆

济州
汉拏图书馆
愚堂图书馆
风图书馆

库里提巴
库里提巴"知识灯塔"

布宜诺斯艾利斯
阿根廷国家图书馆

蒙得维的亚
乌拉圭国家图书馆

审图号：GS（2022）596 号

亚历山大图书馆之现代化内设。

广受世界祝福的图书馆圣地

埃及

亚历山大图书馆

位于非洲大陆边缘的埃及城市亚历山大。碧波荡漾的地中海笑迎八方客。

亚历山大大帝的领土，
灿烂文化之旅的起点

　　追根溯源的旅行总是让人肃然起敬。我的世界图书馆纪行在埃及亚历山大图书馆（Library of Alexandria）迈出了第一步。亚历山大图书馆被公认为人类较早的图书馆之一，我便在这里开始了世界图书馆圣地巡礼。

　　在接近40℃的盛夏季节里，从埃及首都开罗向西北方向穿越沙漠，驱车行驶了近3个小时，蔚蓝的地中海就展现在我的眼前了，万顷碧波似乎在对我的远道而来表示热烈欢迎。沙漠尽头的大海竟如此与众不同，让人意想不到。那长长的隧道尽头好似蓝天一般，轻松、凉爽、惬意，令人期待，所有这些感觉融合在一起，汇成一缕绝妙的气息，瞬间萦绕在我的心头。

　　亚历山大位于非洲大陆的北端，与欧洲大陆隔海相望，仅凭名字，我们就能感受到这座城市在历史中沉淀下来的沧桑与神秘！当年亚历山大大帝每征服一个地方，就喜欢用自己的名字命名，这里就是那诸多城市中的一座。人类图书馆的鼻祖为何会诞生在这里呢？

海边的恋人永远是一幅美丽的风景画，不分国界。

最初即永远
亚历山大图书馆

　　亚历山大曾是古代最大的港口，一度被称为"统管地中海的军事要道"，同时也是当时国际交通和贸易的枢纽。托勒密一世（Ptolemaeos I）继亚历山大大帝（Alexander the Great）之后成为王朝的统治者，公元前 3 世纪初，他在地中海沿岸建立起一座图书馆——亚历山大图书馆。

　　该图书馆的诞生与古希腊著名哲学家亚里士多德（Aristoteles）颇有渊源。亚里士多德曾建立了集艺术、科学等各个领域著作为一体的私人图书馆。在他去世之后，其弟子德米特里（Demetrios）群览馆内藏书，自觉受益匪浅，由此向国王托勒密一世提议：建设一座大型图书馆。德米特里是托勒密一世的得力干将，同时又是当时很有威望的杰出学者，于是托勒密一世下令由其着手创办图书馆，亚历山大图书馆就此诞生。追溯其根源，亚里士多德师从柏拉图，柏拉图又师从苏格拉底，从这一层面上来看，人类史上最初的图书馆不仅仅是与亚里士多德"缘分"不浅，甚至可以说是根植于伟大的哲学家思想之中，不断汲取养分，直至枝繁叶茂。这一说法绝非臆断。

　　亚历山大图书馆曾经历了多次灭顶之灾，因历经磨难而更加为世人所熟知。现在大家能够见到的这座建筑是 2002 年重建而成的。时任埃及总统穆罕默德·胡斯尼·穆巴拉克（Mohamed Hosni Mubarak）于 1990 年向国际社会发出呼吁，由联合国教科文组织出面、众多国家积极参与，最终得以对图书馆原建筑进行重建修复。

亚历山大图书馆经历了消亡、复活，再消亡、又复活的多次波折，在其湮灭1600年之后得以重获新生，凤凰涅槃之后是否可以获得永生呢？

我透过车窗享受着海风带来的惬意。地中海沿岸星星点点的海边太阳伞，犹如彩色的弹珠一般，任由飞快的车速将它们连成一道美丽的风景线。几经辗转之后，这座建筑物突然呈现在我的眼前，令我大为惊叹。"啊！"我不知不觉发出了感叹。这就是百闻不如一见的亚历山大图书馆！只消一眼，便能觉察出它的与众不同。美轮美奂、别具一格、庄严雄伟、神秘优雅是她给人的第一印象，但是这些词又不足以形容她的美。她的优美可以说是空前绝后，令人叹为观止的。倾斜16°角的圆盘状屋顶静静地望向地中海，如同一个巨大的日晷。建筑物的一部分向海的方向延伸并被海水淹没，构成一幅"海上升明日"的画面，寓意为"地中海永远的日出"。

世界较早的图书馆之一——亚历山大图书馆，重建于2002年。图书馆外的古代女神像装饰雕塑让人印象深刻。

圆盘状屋顶向着地中海倾斜 16° 角，如同一个巨大的日晷。

图书馆屋顶上是微芯片形状的天然采光窗。为了与埃及金字塔保持同样的质感，建筑师特意从数百公里外的阿斯旺运来了大量的花岗岩，并将它们堆砌成圆弧形的墙体立面，作为图书馆的外墙。120 余种语言文字就雕刻在这圆弧形的墙面上，环绕一周。天文观测馆坐落在图书馆的一侧，外观就像一个刻有整齐线条纹路的巨大圆球。如此特立独行的外观足以让路人对其产生浓厚的兴趣——且不论他们是否懂得这座图书馆的历史与价值。

再来看看外墙壁上雕刻的文字吧。从古代象形文字、楔形文字、甲骨文，到中世纪的音乐记谱法，再到现在的计算机代码、DNA 基因符号，甚至条形码，可谓包罗万象，尽纳其中。这些符号恰恰是该建筑在建造之初所要彰显的含义：作为图书馆必须具备的肃穆与国际化形象。

世界之大，无奇不有，造型独特的建筑我看过千千万，但是像亚历山大图书馆这样标新立异、个性彰显又独具匠心的建筑实在是世间少有。人们仅仅从外观上就被这座图书馆所吸引，正是因为它所蕴涵的"最初"这一层象征意义。当然，其实也可以替换为其他词汇，例如"最好"，却又不像"最初"二字如此意味隽永，流露出建造者胸中的丘壑——最初即永远。树立威严自然是需要付出高昂造价的，不过我并不排斥这座图书馆与生俱来的傲慢与奢华。

外墙上雕刻的韩文"月"。

如此引人入胜的亚历山大图书馆内部又会是什么样子的呢？

我移步走进图书馆，不禁再次发出感叹。图书馆共 11 层，总高 33 米，从地板直通天花板，采用的是完全开放的阶梯式构造。这样的设计象征着沟通与协调：上层与下层的沟通，昨日与今朝的协调。圆盘状的屋顶直径为 160 米，周长超过 500 米，面积约 2 万多平方米。一眼望去，就能发觉这里比普通的运动场还要大。在巨大的屋顶下，阅览室也显得开阔敞亮。一言以蔽之，即图书馆的内部给人带来一种豁然开朗的视觉感受！室内百余根白色混凝土柱石，从地面延伸直至天花板，如一朵朵莲花的花茎一般支撑着整个建筑上体。建筑主体的四周并没有设置我们常规意义上的窗户，而是将可调整的四边形反射板铺设在屋顶上，以此来调节图书馆内光线的强弱。不知道是不是因为历史上人类文明在火灾中一次次被毁坏甚至毁灭，这座图书馆的天花板采用带有隔热膜的铝片制作而成。

历史上，亚历山大图书馆为了收集图书可以说是到了"不择手段"的境界，并因此而闻名于世。无论是停泊在港口，还是驶向地中海的过往船只，所载书籍一经查获，都会被送到亚历山大图书馆来。更有甚者，亚历山大图书馆在拿到的原件上写下原主人的名字之后，便将原本扣留，再将复制的抄本还给人家，简直就是"知识海盗"。若是得知远在大洋彼岸的希腊有某个书籍的珍本，他们就会先缴纳巨额押金将珍本借来，然后放弃押金，拒不归还。在扩大馆藏方面，亚历山大图书馆可以说是绞尽脑汁，费尽心机。也正因此，亚历山大图书馆拥有了 70 万本的巨大藏书量，规模极其庞大。

在亚历山大图书馆的全盛时期，图书馆管理者曾以优厚的待遇

亚历山大图书馆的外墙由花岗岩堆砌而成，上面刻有世界上 120 余种文字，如果你足够细心和耐心，也许能够找到自己国家的语言文字。画面中水中的植物是古埃及造纸原料之一的纸莎草。

邀请地中海一带最具威望的作家和学者来此，使他们能够毫无后顾之忧地在此专心研究学术，以致这里成了当时学术研究的中心。罗马与雅典以人文学科为研究重心，而亚历山大在重视人文学科的基础上，还致力于天文学、地理学、物理学、化学等自然科学方面的研究。古希腊著名物理学家阿基米德、天文学家厄拉多塞（Eratosthenes）、数学家欧几里得等人都曾到此研修，亚历山大图书馆的权威地位由此也可窥见一斑。亚历山大也因她怀抱中的这座图书馆而被誉为"地中海知识之都"。国王托勒密一世是一位优秀的历史学家，他同时对数学也颇感兴趣。有一天，他找到欧几里得，问道："你几何学得好的秘诀是什么？学习几何学有没有什么捷径可走？"

欧几里得答道："在几何世界里，并没有专为国王铺设的御道（There is no royal road in learning）。"这一回答流传至今，仍为不朽名言。

亚历山大图书馆的历届馆长都是学富五车的知识分子，他们多是诗人或者科学家，同时又兼任国王的老师。当然在王朝衰败、王室没落时期，王室警卫队长也曾兼任过图书馆馆长。既是天文学家，又是地理学家的厄拉多塞曾在40年间连任三届亚历山大图书馆馆长，他推导出地球是圆的，并计算出了地球的周长。令世人惊叹的是，他当时的计算结果与现在用精准仪器计算下得出

亚历山大图书馆内部采用完全开放的阶梯式构造，象征着沟通与协调。

的结果仅有 10% 的误差。

　　亚历山大图书馆也是世界图书馆摧毁史上一个典型的受害者。古时候的征服者们频繁挑起战争，而战争中的一项重要任务就是烧毁图书馆。他们认为，即使用武力征服了该国的领土，如果不摧毁当地文化、摧毁居民的精神支柱，就不算是完全的征服。亚历山大既是当时的政治中心，又因其地理位置成为兵家必争之地，从而历经多次朝代更迭，命运多舛。在战争的漩涡中，这里曾先后多次遭到各种征服者的践踏。

　　有一种传言称，当时的馆藏书籍被成批送到公共澡堂当作烧热水的燃料，这些书籍在那里被足足烧了 6 个月之久。图书馆才是保护本民族文化和精神世界的坚固堡垒。亚历山大图书馆经历了多次灭顶之灾，而恰恰是这种牺牲，向世人证明了图书馆在人类发展过程中的重要性。

　　罗马帝国的恺撒大帝（Julius Caesar）也曾烧毁亚历山大图书

馆，登上了"不誉之榜"。公元前 48 年，恺撒追随格涅乌斯·庞培登陆亚历山大，并与托勒密王朝的最后一位女王克利奥帕特拉结婚，卷入了王朝复杂的权力斗争。原本克利奥帕特拉的弟弟托勒密十三世曾在父亲的安排下，按照习俗成为克利奥帕特拉的丈夫。而恺撒大帝在与之关于政治权力的斗争中点燃了停泊在港口的数十艘船只，继而火势蔓延，烧毁了与港口毗邻的图书馆，损毁书籍达数万卷之多。伊丽莎白·泰勒主演的电影《埃及艳后》中出现了这一场面。

图书馆被火烧毁，柏拉图和亚里士多德的不朽著作付之一炬，克利奥帕特拉得知此事后痛心不已，对恺撒强烈抗议道："你竟敢烧毁我伟大的图书馆！你这个野蛮人！不管怎样也都不该烧毁人类的知识结晶。"对此，恺撒避重就轻，说道："我不是故意烧掉这些书籍的，战斗中火势蔓延，这些书籍才被烧毁的。"克利奥帕特拉不仅仅外貌出众，她从小就特别喜欢在图书馆里博览群书，学识和才华非常人可及，可以称得上是一位"知性与美貌"兼备的才女。她甚至还可以阅读古希腊、古罗马典籍原著，是当时埃及最优秀的知识分子之一。她的聪明才智和能言善辩就是来自在图书馆里研磨书籍的沉淀。

与亚历山大图书馆相关的有趣典故可谓不胜枚举。克利奥帕特拉在恺撒死后，和安东尼厄斯结为夫妻，并收到了非比寻常的结婚礼物。安东尼厄斯为了博取这位旷世美人的欢心，在罗马征服帕加马（今位于土耳其地区）之后，便将帕加马图书馆的 20 万册藏书全部用船运到亚历山大，献给了克利奥帕特拉。原本克利奥帕特拉正因图书馆藏书被烧毁而伤心欲绝，安东尼厄斯的这一举动对于美人来说无疑是雪中送炭。从这种逸事中我们都能看到当时托勒密王朝对亚历山大图书馆的珍视与爱护。法国哲学家帕斯卡尔在《思想录》中写道："如果克利奥帕特拉的鼻子长得再短一些，整个世界的面

亚历山大图书馆埃及展室里陈列着数之不尽的古代文献。

貌将为之改变。"我在这里也借这句名言一用:"如果克利奥帕特拉的鼻子长得再短一些,亚历山大图书馆的命运就会改变。"

1974年开始重建亚历山大图书馆的议题逐渐提上日程。1990年,时任埃及总统穆巴拉克夫妇为重现图书馆昔日的辉煌,积极推进其重建工作,并取得了实质性进展。联合国教科文组织会议通过了由18个国家元首和高层人士签署的国际宣言,敦促各国政府和民间机构、学者、作家等全世界知识分子助力重建亚历山大图书馆。伊拉克、阿联酋、沙特阿拉伯等中东国家承担了大部分建筑费用,费用高达2亿3000万美元;法国、意大利、希腊、挪威、日本、中国等提供了大量物资参与其中。最终,在旧图书馆遗址附近的地中海海滨,广受国际社会关怀的亚历山大图书馆凤凰涅槃般地重现于世。随后,联合国教科文组织宣布亚历山大为"2002年世界书籍之都",2002年10月16日,具有历史意义的亚历山大图书馆开馆仪式正式拉开帷幕。穆巴拉克发言表示:"让我们为后世子孙创造一个充满希望的世界，古代的辉煌与荣耀赋予了这座图书馆新的生命，让我们再现其所蕴含的崇高价值与准则，重建一个文化鼎盛的世界！"

开馆仪式上，书架上最先放上去的是《古兰经》和《圣经》，因为这两部书在人类历史上具有巨大影响力。亚历山大图书馆重建后，内部设有6个专项图书馆、3个博物馆、一个天文馆、一间电影院、7个学术研究中心、一间抄本储藏室、4个艺术画廊以及一间能容纳1000人的会议中心，而且日常可以同时允许9个展览同时进行。

博物馆位于地下，展示着许多古埃及时期的奇珍异宝和珍贵文献资料，向参观者诉说着埃及灿烂悠久的历史文化。这里属于特定区域，只面向贵宾开放，一位戴着时尚头巾、精心装扮的年轻女性工作人员在前方为我们领路。埃及女性圆圆的眼睛在昏暗的灯光下，像星星一样闪闪发光，如古代传说中的夜明珠一般神秘奥妙。

此外，工作人员的埃及式英语、有意压低的嗓音、不苟言笑的面容、稍显神秘的表情都为这里增添了独特的魅力。

这座历史悠久的图书馆坐落在地中海海滨。大海和图书馆之间有一条双向10车道的公路。埃及几乎没有人行横道，从图书馆到海边的这条道路也是一样。因此，要想从图书馆到海边，只能硬生生横穿马路。在这里，即使有人正在过马路，也没有一辆车会减速行驶。尽管如此，戴着头巾的当地女性仍能巧妙地避开时速达100公里的汽车。不知是不是因为伊斯兰教信徒都笃信"生与死都是神的旨意"这一理念，他们才会显得如此淡定。反正我这个异邦人看到这一景象还是替他们捏了一把汗。

古埃及文化与古希腊文化在亚历山大相互交融，两种文化在这座城市中所展现的和谐氛围一直持续至今。非洲和欧洲大陆以及中东地区的交界点这一特殊而又重要的地理位置也为此地增添了一分魅力。在夏季，亚历山大成为远近闻名的避暑胜地，中东地区的富豪们蜂拥至此避暑。我到达亚历山大的时候正值盛夏，海边人山人海，汇聚着各色人种。戴着头巾的当地年轻女士吸引了我的视线，她们不像其他人一样下水游泳，而只是静静地在海边享受海风的吹拂。她们的服饰造型多样，身姿曼妙，不时向路过的外国人送去微笑。即使在头巾的裹束下，埃及女性也向外散发着青春洋溢、时尚开放的气息。

亚历山大拥有罗马统治时期的地下古墓、圆形剧场和神殿等诸多珍贵遗迹，现在只要在亚历山大向地下挖掘，就能发现数不尽的文化遗产。亚历山大灯塔被誉为世界七大奇迹之一，现在海边只留有其遗址，残骸都已沉入大海。

提到亚历山大这座城市，有一个绝对不能漏掉的人，那就是电影《日瓦戈医生》中的演员奥玛尔·沙里夫。头巾下露出乌黑眼睛的埃及女性和身穿白色制服配上炭黑眉毛的埃及男性，就像真神烧制出的陶器作品一样。无论是男性还是女性，他们都有着黝黑的皮

小朋友们在图书馆一隅下着国际象棋。这座历史悠久的图书馆为当地儿童提供了日常可供娱乐的文化空间。

肤、清晰的五官，尤其是那双圆圆的大眼睛，明亮透彻。在我看来，奥玛尔·沙里夫可以说是埃及最出色的极品男人。从韩国的香烟里都有"奥玛尔·沙里夫"的身影这一点来看，你就知道他的魅力有多大了。他那炯炯有神的眼睛让世界上许多女性为之倾倒，如此魅力四射的男人可是货真价实"亚历山大制造"。

也许你们还听说过一位名叫多迪·艾尔·法耶德的男人，他也来自亚历山大，是原英国王妃戴安娜的恋人，不幸与王妃一同在车祸中去世。

通常情况下，我们一提起埃及就会想起金字塔和木乃伊，多数人也都知道这个国度创造了纸莎草、象形文字以及赫赫有名的罗塞塔石碑（现收藏于大英博物馆），但是很多人未必知道这个国家还孕育了一座世界上伟大的图书馆。现在我只要闭上眼睛，就能隐约听到地中海澎湃的波涛声，眼前还会出现亚历山大图书馆如梦幻般迷人的夜景。

海边的女性用各式各样的头巾展现着各自独特的美。即使在头巾的裹束下，埃及女性也向外散发着青春洋溢、时尚开放的气息。

包罗万象的伟大建筑
——亚历山大图书馆

　　亚历山大图书馆是由挪威建筑家卡佩拉（Christoph Kapellar）设计而成的，该设计稿在世界 77 个国家的 523 个公开征集方案中脱颖而出。对于这项设计，他曾说过："这个建筑圆形结构象征着全球的知识文化。我们不应仅对收藏图书感兴趣，还应积极与外部世界交换信息、互通有无，因此，屋顶的采光窗我们采用了微芯片形状的设计。"这座卓越的建筑被誉为世界最伟大的建筑之一，并多次获得国际建筑设计奖项。

　　埃及政府考虑到亚历山大图书馆的国际地位，任命曾出任世界银行副总裁的伊斯迈尔·萨瓦格丁（Ismail Serageldin）为馆长。图书馆的定位是：创造知识、提供知识的文化中心，人类与世界文化自由对话的空间。图书馆要发挥的作用主要有四个方面：面向世界的埃及之窗、面向埃及的世界之窗、应数字时代而生的图书馆、学问与对话的中心。现在，亚历山大图书馆由联合国教科文组织参与共同管理。如今图书馆里总是挤满了世界各地慕名而来的游客，只可惜在众多游客当中，还是很少见到韩国人的身影。

下议院议事堂内部。

以复原图书馆的方式迎接新世纪

英 国

大英图书馆　英国下议院图书馆

　　大英博物馆是世界三大博物馆之一。弗吉尼亚·伍尔夫表示，大英博物馆里隐藏着一个巨大的知识世界。

到达伦敦

弗吉尼亚·伍尔夫（Virginia Woolf）曾经说过："大英博物馆里隐藏着一个巨大的知识世界。那个世界齐聚了众人的智慧，是独一无二的珍贵宝库。"这句话说的就是在大英博物馆（British Museum）内的一座图书馆。1997 年英国政府在博物馆内现图书馆的位置建造了一个全新的建筑，并使其独立出来，同时将复原博物馆内的"阅览室"（reading room）作为迎接千禧年的一个庆祝环节，当时制作的 50 便士纪念币至今还在流通。阅览室于 2000 年恢复使用，从一层到穹形屋顶，占据了大英博物馆建筑的中心位置。英国为结束过去的千年，迎接和纪念新世纪而建立了这座图书馆。

位于大英博物馆中央的阅览室内部。

思想的孵化器
大英图书馆

　　大英图书馆（British Library）位于伦敦市中心的国王十字车站附近。这条欧洲之星列车线路沿着海底隧道连接了英国伦敦圣潘可拉斯车站与法国巴黎北站、里尔以及比利时布鲁塞尔等站点。哈利·波特也在该车站的"九又四分之三"站台坐上火车，前往霍格沃茨魔法学校。也许该图书馆的位置不禁让人联想到虚幻与现实的结合、历史与现代文明的碰撞，同时也象征着个人与世界的沟通。

　　走进大英图书馆的内院，最先看到的就是艾萨克·牛顿（Isaac Newton）的铜像。将其摆放在门口就好像在对来访者说：不向这位伟大的科学家致敬，你就没有资格走进这座图书馆。然而"牛顿"却不顾众人的目光，手拿圆规正专心于研究计算。这座青铜雕像是根据画家威廉·布莱克的同名画作制作而成的，布莱克曾经说过："我的作品是为了展现牛顿定律是如何改变人们对世界看法的。"

　　改变人们对世界的看法——这不正是图书馆的重要使命吗？

　　走入图书馆的前厅，一座雕塑立刻吸引了我的视线，雕塑造型是一本翻开的书被铁链牢牢锁住。经过询问才得知，这个雕塑的寓意：收集进来的资料，绝对不可流失。实际上，在西方的图书馆中，有很多地方都会用铁链锁住贵重书籍存放处的门，主要就是为了防止书籍被盗。

　　大英图书馆收藏着朝鲜王朝时期外奎章阁《仪轨》中的一卷。在此要说的是，非常感谢大英图书馆为配合我们的访问，前期做的许多准备工作。外奎章阁的《仪轨》就是《己巳进表里进馔仪轨》。

新建造的大英图书馆阅览室图景。能够在这样古朴有质感的空间里学习，学生可真幸福。

位于大英图书馆入口处的牛顿青铜像。

《仪轨》中展示的部分画作。

1866年，《仪轨》中的一卷被法国军队掠夺走，继而流入了英国。我在询问此书的收藏来由时，图书馆的工作人员解释说："是英国的一位商人以10英镑（约2万韩元）左右的价格，从法国人那里购买并捐赠给图书馆的。"对此，我提出以10倍的价格购买，他们像是听了玩笑话似的哈哈大笑了起来。虽然当时我也跟着一起笑了，但心里很不是滋味。法国人也许并不知道这本古籍的历史价值，只是拮据时随手卖掉沽酒罢了。

朝鲜王朝时期，纯祖为其祖母惠庆宫洪氏在昌庆宫庆春殿举办寿辰宴会，《仪轨》就是用图画与文字详细记载宴会情况的一部作品。"进表里进馔"指的是进献的衣物和食物。《仪轨》中的画作将盛宴的场景描画得十分详细，人物生动形象，色彩绚丽明亮。甚至将演奏过的乐器都单独描绘出来。整部著作是一部十分具有历史收藏价值的作品。

大英图书馆原来是属于大英博物馆内部的一个组成部分，大英博物馆因有众多"知名人士"经常光顾而闻名遐迩。马克思、列宁、乔治·伯纳·萧、托马斯·哈代、叶慈、查尔斯·狄更斯、埃兹拉·庞德、奥斯卡·王尔德、弗吉尼亚·伍尔夫、伊莎多拉·邓肯、约瑟夫·鲁德亚德·吉卜林、甘地等历史上赫赫有名的大人物都经常到这座图书馆阅览书籍。

马克思说，他在伦敦近30年的时间里，几乎每天都到大英博物

此雕塑的寓意为：收集进来的资料，绝对不可流失。

威严开阔的大英图书馆全景。

馆去研读阶级斗争理论。马克思偶尔会前往曼彻斯特会见其挚友恩格斯，据说两人也经常约在图书馆见面、交谈；列宁经常到位于圣彼得堡的科学院图书馆阅读书籍；毛泽东曾在北京大学图书馆当过"书记"，在工作过程中，他接触到了马克思的共产主义思想。就此看来，图书馆才是共产主义思想的孵化器。

大英图书馆拥有包括公元前 3 世纪的典籍在内的 1400 万册单行本和 92 万本期刊，此外，这里还拥有一亿多件各式资料，每年还会增加 300 万件以上的收藏资料，这无疑是一座巨大的知识宝库。该图书馆收藏着两件 1215 年版《自由大宪章》的原件，从某种角度讲，此书堪称人类近代宪法的基础。可能很多人都认为，国家图书馆理所当然属于政府机关，但大英图书馆是在政府财政支持下运营的非政府公共机关。

大英图书馆中的"商业与知识产权中心"最值得一探究竟。这里保存着英国国内最权威的商业和知识产权领域的所有资料，其中也包括来自 40 个国家的 5000 万件专利资料（编注：书中所提到的此类数据均为作者到访时的数据，在此特别说明，此后不再赘述）。该中心不但会为普通企业提供馆藏资源，还是提供企业间会晤、建立商业联系网络的场所，并定期开展研讨会和讲座之类的交流活动。其中"专家解答"活动是邀请知名商界人士举行讲座，为有需求的人员提供与专家一对一对话的机会。大力支持企业的经济活动，对于发掘图书馆的"新角色"具有重大意义。

逛到午饭时间，我走进了图书馆的职工食堂。可以说，英国是一个没有传统美食的国家，在饮食方面，或许英国人因为完全找不到灵感而有些懊恼，于是就创制出了老少皆宜的国民美食"炸鱼和薯片"。能把如此新鲜的鱼做成如此单调的菜肴，也算是独门绝技吧。尽管如此，我还是吃得津津有味。我对英国的印象用一句话来说就是：大英图书馆的精神食粮非常丰富，而真正的食粮却十分贫瘠。

靠想象力赚得盆满钵盈的英国畅销商品
——《哈利·波特》

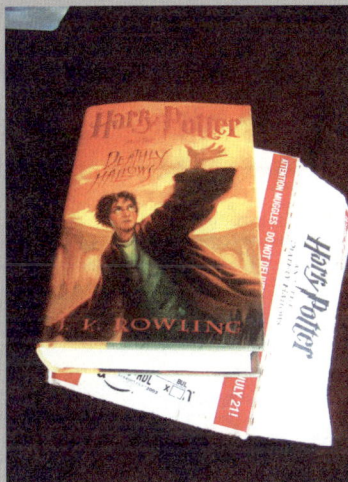

在全世界范围内，有一个英国产的文化产品可以说是家喻户晓，那就是"哈利·波特"（Harry Potter）。自 1997 年起的 10 年间，哈利·波特系列的相关书籍、电影和卡通周边等产品创造的附加值超过 300 万亿韩元（约 2 万亿元人民币）。J.K. 罗琳（Joanne K. Rowling）在开始写这部小说时，还只是个贫穷的单亲妈妈，微薄的政府补助金甚至不够她缴纳供暖费用，生活捉襟见肘。每晚等到孩子入睡后，她就跑到爱丁堡郊区的咖啡厅，忍受着咖啡店主人嫌弃的神情，在自己创造的这个世界中天马行空地驰骋，最终完成小说。小说创作完成后，她辗转于各家出版社，希望能够将书稿出版，却屡屡碰壁。最后她仅以 2000 镑左右（约 16000 多元人民币）的价格签下了第一份合约，这份签约的稿件就是她的第一部著作《哈利·波特与魔法石》。

现如今，自然、资本、劳动这一传统生产的三个要素已不再适用。"哈利·波特"向世人展示了一个事实：即使没有这三个传统要素，仅凭想象力和创造力，人类也能创造出巨大财富。

邂逅撒切尔
英国下议院图书馆

　　漫步泰晤士河畔，我们可以看到伦敦的标志性建筑——大本钟，还有全世界最大的哥特式建筑英国国会大厦。国会大厦里的下议院图书馆（House of Commons Library）成立于 1818 年，是专门为议会和议员立法活动服务的机构。该机构的工作人员包括法律、统计等多个国家政治管理领域的 190 多位专家。欧洲的议会图书馆与美国、日本、韩国不同，规模较小，且不为普通市民提供服务。

　　英国下议院于 1834 年设立图书馆常任委员会，以促进图书馆的

英国国会大厦赫然屹立在泰晤士河畔，吸引着世人的目光。

发展。该常任委员会由当时德高望重的议员担任委员、议长主持会议。英国的 5 位首相都曾出任图书馆委员会常务委员，这一事实充分说明了英国对该图书馆的重视程度。本杰明·迪斯雷利（Benjamin Disraeli）将苏伊士运河收为英国所有，并把印度献给维多利亚女王，有"帝国主义先驱者"之称。威廉·尤尔特·格莱斯顿（William Ewart Gladstone）曾 4 次担任英国首相，他也曾担任过下议院图书馆的常务委员。

英国第一位女性首相撒切尔夫人过去经常到这座图书馆阅览书籍。她思维逻辑清晰，可以说是一位杰出的政治家，唯独缺少了一些风趣幽默。

为了弥补自己的这一不足，她每到演讲之前，就把自己关在图书馆里，努力准备其演讲内容。撒切尔夫人深知数字的"魔力"，在演讲中，她通常会在关键时刻摆出数据，使其演讲更具说服力。她记忆力超群，不用看任何笔记就可以出口成章，将之前在图书馆里精心准备的演讲稿动人地讲述出来，以至于人们认为她没有做任何准备，而是在即兴演讲，这也为她增加了一分魅力值。

国会大厦里陈列着众多政治家的铜像，然而在世时就制作铜像的政治家只有撒切尔夫人一位。身着裙装的铜像也只有撒切

"铁娘子"撒切尔夫人的铜像。

尔夫人一位。撒切尔夫人本人参加了铜像的揭幕仪式，当幕布揭开，自己的铜像露出面容之时，她说道："我明明是'铁娘子'，为什么要用铜来制作雕像呢？"不知这是否也是她"提前准备"的幽默。

英国下议院议事堂地方不大，座位布置得很紧凑，坐满人就会显得狭小而拥挤，倒是不用坐人的中间通道相对宽敞，令人不得不产生疑问：在如此狭窄的空间内，怎能进行国家政事审议呢？座位布局为何是这样的呢？据相关人士表示，议席中没有设置桌子的拥挤布置，为的是给朝野两党座位中间留出更大的空间。因为在早期，英国绅士等通常会随身佩剑，议事堂如此设计，是以防朝野两党讨论到激动处，拔剑相向时不至于伤到对方。

英国下议院议事堂的主会议厅向世人展示着其悠久的传统和历史。

偷书也有罪吗？

据统计显示，世界上被盗取最多的书籍就是《圣经》。这时我们总会产生一个疑问：偷书是犯罪行为吗？答案是肯定的，偷书当然是犯罪。哪怕是为了阅读《圣经》去偷根蜡烛也属于犯罪行为。

图书馆和书店向来都为防止书籍被盗而殚精竭虑，但无论采取什么样的防盗措施，总是收效甚微。美国一位名叫史蒂芬·布隆伯格的男子辗转多家图书馆，在偷窃 23600 本书后被捕。他可不是随便偷书，而是专门挑珍藏本书籍下手。他本人表示，自己只是因为喜欢书籍才这样做的。如此看来，他还算是一个相当"知性"的小偷。

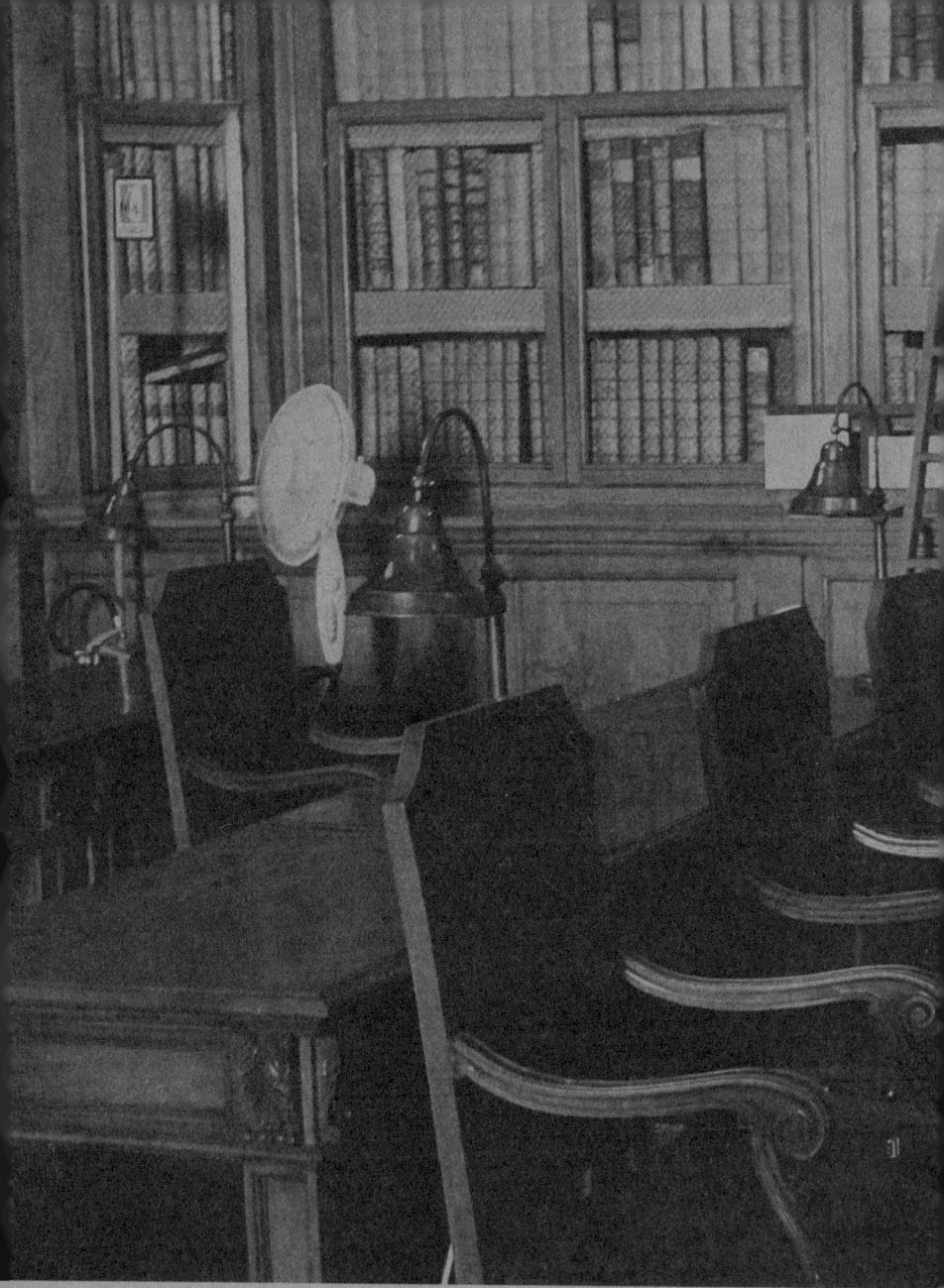

安吉莉卡修道院图书馆阅览室。

——将中世纪从黑暗中拯救出来的禁书王国

意大利

安吉莉卡修道院图书馆

用心灵之眼读懂罗马

　　歌德在结束意大利的旅行后，说道："来罗马旅行，不仅要带上双眼，更要带上心灵。"此言不虚。可惜大多数人还只是用凡胎肉眼浏览罗马斗兽场，想象角斗士如何在斗兽场上厮杀。或者坐在西班牙广场的阶梯上，回想电影《罗马假日》中的精彩片段，忙着在许愿池前投硬币许愿。那么，用心灵之眼会看到怎样的罗马呢？

　　来到意大利，文化艺术的气息扑面而来，这里也可以称得上是知识和信息的王国。意大利人在漫长的历史长河中形成了其特殊的政治模式——首先在元老院中进行一番唇枪舌剑、与别人一决胜负，然后再到广场上激情演讲、说服大众。在这样的角逐中，知识、信息和逻辑思维就发挥了至关重要的作用。

　　是的，正是如此。古罗马是一座"图书馆的城市"。角斗士在斗兽场经历一场生死大战，而贵族却把这场事关生死的大战当作一场游戏来欣赏，在这种野蛮文化的对立面上，当然也矗立着各色图书馆类的文明文化基础设施。地中海的另一侧，亚历山大与其隔海相望，那里的人们正以典藏云集的图书馆为中心，最大限度地发挥着地中海知识之都的作用。智慧的罗马人也并不甘落后，努力建设着本国的图书馆。

　　当时罗马最著名的学者西塞罗曾经称恺撒大帝为"读书狂人"。恺撒大帝从亚历山大远征回来之后，大力推进罗马图书馆的建设，然而未能目睹其竣工便遗憾离世了。

　　然而在他的指示下，罗马收集到了大量希腊语和拉丁语的书籍。

随后，屋大维、图拉真等多代皇帝和贵族也争先恐后地建造起了图书馆。然而不幸的是，现在我们已经无缘再见这些图书馆，只能用心灵之眼去回顾它们。

罗马旅游名胜西班牙广场人来人往，熙熙攘攘。

期待禁书"复活"的那一天
安吉莉卡修道院图书馆

    意大利以修道院图书馆而闻名。诞生于中世纪的圣弗朗西斯科修道院图书馆至今仍在运行工作。罗马灭亡后,古典学识之所以还能够在文化衰退中得以保存,修道院图书馆功不可没。

    位于罗马市内的安吉莉卡图书馆(Biblioteca Angelica)就是修道院图书馆之一。在该图书馆的入口处刻有历代著名修道士和馆长的肖像画以及刻有拉丁语名言警句的铜板,各种具有典雅的西方古代特征的书籍、地图,让我感觉自己仿佛是乘坐时间机器来到了中世纪一样。安吉莉卡图书馆对于意大利人有着无法替代的重要意

意大利第一个公共图书馆——安吉莉卡修道院图书馆的标识。

义，它是 17 世纪初意大利第一个允许普通人参观的公共图书馆。无论是过去还是现在，当信息和知识处于共享状态时，其价值都将成倍增长。

在这里，我终于见到了久闻大名的羊皮纸书籍，这让我兴奋不已。如果不附加说明，很难看出这些书籍是由羊皮纸所制。据相关人士透露，每只羊的羊皮只能制作出一张羊皮纸，而制作一部《圣经》需要数千只"替罪羊"。

该图书馆拥有 20 万册藏书，其中包括中世纪手抄本等 10 万件珍贵的古文献，这些资料是宗教改革和天主教内部改革运动史的重要记录。据悉，身为奥古斯蒂努斯修道会修士的马丁·路德（Martin Luther）曾说过："应不惜花费人力和物力在合适的建筑内建立完善的图书馆。"

之所以在修道院设立图书馆，是因为当时的修士认为，只有以知识为基础，才能加深人们对宗教的信任，便于传道。因此，在当

（左）羊皮纸书籍。
（右）图书馆管理人员正在介绍图书馆的内部情况。

走进安吉莉卡修道院图书馆阅览室，古籍排列井然，书香扑面而来。爬上高高的登梯，查阅历史经典，只是想象一下也不由得惊叹美哉！

时没有图书馆的修道院简直可以说是没有大炮的堡垒。在中世纪黑暗时期，修道院图书馆不仅成为教育和研究的中心，还为保存和传承古代文化建立了卓越功勋。有专家对此评论道："在面临古代文化传统完全断层的危急时刻，修道院图书馆通过保存古代文化典籍，为新时代文化的发展奠定了基础。"

在欧洲中世纪千年间，所有理性思维的发展都被按下了"停止键"，修道院图书馆被称为"禁书"集结的"地狱"，希腊、罗马、亚历山大等地向往自由的书籍都被"冷冻保管"，梦想着在未来能够"复活"。"禁书"集结的区域为什么会是"地狱"呢？按照字面意思来看，就是人们一旦接近这个区域，就会下"地狱"。

《玫瑰的名字》是翁贝托·埃科（Umberto Eco）所著的小说，后被改编为电影。正如其小说中所描写的那样："禁书被彻底封锁，接近禁书就意味着死亡。但是，如果划清界限明确告诉你'不要去'，你就越想去；告诉你'不要看'，你就越想看，这是人类的本性。

保留了时间痕迹的古籍。

被禁的果实更加香甜美味，当然会更想品尝一下。"在这部小说里，亚里士多德的《喜剧论纲》就是"被诅咒的书"，同时也是禁书。偷偷去看这本书的人肯定会死亡，这究竟是何原因呢？是因为神的诅咒吗？其实只不过是当时的统治者做了一些不为人知的小把戏而已：当时的掌权者利用人们在翻页时会不时地用手指去蘸唾沫的习惯，派人事先在书架上涂了毒药，这样一来，书籍必然会沾染毒药，来偷看这本书的人会因为手指蘸唾沫翻书进而中毒身亡。

马丁·路德是宗教改革的领导者，由于他反对教皇的某些观点而被召回。在召回的路上，许多反对焚书的人文主义者聚集起来，排成长队向教皇示威。马丁·路德将反对焚书的支持者召集在一起，向教皇提出抗议，发表自己的观点，最终成功地领导了宗教改革。

古今中外，禁书是始终存在的。被统治者列入禁书行列的书籍主要是那些损害宗教尊严、妨碍统治秩序的书；或者是在特定社会环境中宣扬全新理念、自由观点的著作，诸如地动说、地圆说、进化论等。卢梭、霍布斯、波德莱尔、兰波、哥白尼、伽利略、达尔文等科学家们的伟大理论和不朽著作都走在了时代的前列，他们出版过的一些著作都因被认为是"罪过之书"，而被关在"禁书监狱"里。朝鲜近代史上的政治家俞吉濬先生所著的《西游见闻》也属于禁书之列。相传法国巴士底狱实际上不仅是收押犯人的监狱，也是收集各种禁书的监狱。美国著名欧洲文化史专家罗伯特·达恩顿（Robert Darnton）表示，被统治者指定为禁书的作品在民间反而成了畅销书，法国大革命就是在这样一个文化氛围中爆发的。这一言论充分解释了统治者为何将此类书籍指定为禁书。不过这些当年的禁书在后来又得以重见天日，并绽放出了文艺复兴的灿烂花朵。虽然"禁书"是一种非主流文化形态，但有些并未被统治者判处死刑（焚烧），而是以无期徒刑（被禁）的形式勉强存在于世，在如今看来，统治者的这一做法也算是仁至义尽了吧。

钟情图书馆的男人——卡萨诺瓦

贾科莫·卡萨诺瓦（Giacomo
Casanova）是欧洲一位赫赫有名
的风流浪子、情场高手。他出生
于意大利威尼斯，相貌英俊，是
著名的外交官、宗教哲学家、探
险家、间谍、小提琴家。晚年的
他结束了"大情圣"的生活，在
某伯爵的城堡中成了一名图书管
理员。在此期间，他埋头写作，
为世人留下了其著名的回忆录
《我的一生》等 40 多部作品。

卡萨诺瓦侧像

意大利的普通女性市民、贵
族出身的夫人，甚至修女都曾为卡萨诺瓦倾倒，这不仅仅因为他英
俊的外表，更是由于他与生俱来的才华和自身文化修养而促成他练
就的口才，归根结底是来自他所阅读的大量书籍。

卡萨诺瓦在《卡萨诺瓦是个书痴》（*Casanova was a book-
lover*）一书中就曾体现出了他对知识的热爱。他一生中交往过 1000
多位女性，却说："我爱过女人，但我真正所爱的还是自由。"这
位魅力无穷的天才在耗尽青春时光后曾留下一句肺腑之言："我人
生幸福的终点只有图书馆。"

阿德蒙特修道院图书馆大厅。

书香渗透在音乐之中的圣所

奥地利

阿德蒙特修道院图书馆

📘 书香渗透在管弦乐旋律之中

　　通常我们一提起奥地利，就会想起音乐之都维也纳，以及莫扎特的故乡——萨尔茨堡。哈布斯堡王朝曾一度称霸欧洲，其首都维也纳至今仍完好保存了过去的荣耀与尊贵。这里有富丽堂皇的美泉宫，有萦绕维也纳街头巷尾的优雅音乐，还有古斯塔夫·克里姆特、席勒等著名画家珍贵的美术作品。萨尔茨堡依然保留着天才的痕迹，你似乎可以在这里听到莫扎特的呼吸声。另外，电影《音乐之声》在意大利的拍摄地也为游客提供了很多看点。

　　这两座艺术名城可谓名声大噪，然而鲜为人知的是，在两城之间、阿尔卑斯山脉的崇山峻岭中还坐落着一个以图书馆而出名的阿德蒙特修道院。因为这座美得不可方物的图书馆，全世界的爱书之人都愿意来这深山老林中探寻一番。

阿德蒙特，位于阿尔卑斯山脉崇山峻岭间的小村庄。

阿尔卑斯山怀抱中知识与灵魂的安息之处

阿德蒙特修道院图书馆

本笃会修道院阿德蒙特图书馆兼博物馆（Benediktinerstift Admont Bibliothek & Museum）曾有着"世界第八大奇观"的美誉。在图书馆打开大门的瞬间，一股历史沉淀出来的书香气息扑鼻而来，让人不知不觉停下脚步。我沉醉于这份让人肃然起敬的美好，不禁瞪大眼睛，古籍的香气竟立刻消失了。此时此刻，除了视觉以外，人类的其他感觉器官都不妨休息一下，不，是必须要休息。庄严？华丽？优雅？任何形容词都失去了光彩，只能用惊异与感叹来表达。

修道院给人的印象本是禁欲、勤俭与清苦，可为何偏偏会建造出一座如此华美的图书馆呢？侍奉神灵与美有什么必然的联系吗？这个图书馆让人对美产生了许多思考。在这视野开阔、直击心胸的美好中，我经历了一番"灵魂洗礼"，来到这里我才明白为什么有人会说："人可以通过美丽接近神灵。"陀思妥耶夫斯基也曾说过："美丽可以拯救世界。"这大概也是出于同样的道理吧。

阿德蒙特修道院建于1074年，图书馆建于700多年后的1776年。让他们引以为豪的是：宗教、哲学、法学、医学、自然科学等各领域的20多万册书籍收集于此，且这些书至今仍可为研究使用。

劳动、读书、祈祷，这是修道者的入门基础课，本笃会修道院将此作为戒律严格执行。当然，抄写书籍的工作也是修道士的重要任务之一，但这一任务对书籍捐赠者会放宽要求。

走进图书馆，我不禁被天花板上那幅著名的湿壁画深深吸引，再也无法移开视线。画家巴尔托洛梅奥·阿尔托蒙特（Bartolomeo

阿德蒙特修道院的外部景象。美丽的图书馆和博物馆坐落其中。

Altomonte）在 80 岁高龄时完成了该图书馆的天花板大型壁画，壁画主题为智慧与知识，这也是整个图书馆的核心主题。仔细想来，智慧与知识应该是世界上所有图书馆的统一主题。

抬头仰望，那精美绝伦的天花板壁画让我沉醉。

直到脖子感到酸痛，我才将视线慢慢转到下方，一组巧夺天工的艺术品映入眼帘。它看似铁制雕刻，实际上是在木雕外镀了一层铁箔，这四件雕刻品可谓造型奇巧、雕工精美。约瑟夫·斯塔梅尔（Joseph Stammel）是公认最出色的巴洛克雕塑家，他的雕塑作品《四个结局》主题分别为死亡、审判、天堂、地狱。若不附加说明的话，我恐怕难以理解此作品深刻的象征意义。门上的铜制场景浮雕描述的是所罗门的判决场面，格外引人注目。这当然也是智慧的象征。

阿德蒙特修道院图书馆大厅长 70 米，宽 14 米，高 13 米，是世界上最大的修道院图书馆。图书馆共有 60 个窗户，自然光可从其中 48 个窗户投射进来，丰富的光线效果令到访者惊叹不已。这种独特

　　阿德蒙特修道院图书馆的大厅令人叹为观止，除了视觉以外，人类的其他感觉器官都不妨休息一下。

　　天花板湿壁画的中央部分。

图为《四个结局》雕塑。从左上方开始顺时针方向分别代表了死亡、审判、天堂和地狱主题。

的照明效果通过瞳孔，刺激大脑神经，从而引导到访者产生对神灵的敬仰。纯白色的书橱增添了这种神圣感，12 根浅紫色的大理石柱子则彰显了高洁与大气。7200 多块白色、灰色、褐色的菱形大理石地板成几何形状排列，形成骰子状的立体空间感，让人产生一种"视觉错觉"，使得整个空间显得愈发神秘。

阿德蒙特修道院的奇特之处就在于它同时还拥有自然史博物馆和现代美术馆。自然史博物馆中的昆虫标本足足有 25 万多个。上前仔细欣赏，仿佛还能听到狮子（标本）血盆大口中发出的咆哮声。除此之外，各种猛兽和鸟类也都活灵活现地展示在游客面前。

1865 年，一场火灾烧毁了修道院的大部分建筑，但不幸中的万幸是，图书馆被完整地保留了下来。1938 年，修道院被纳粹占领，修道院的大门被关闭，财产遭没收。但在第二次世界大战后，修道院得以重获新生。

每年有约 60 万人到阿尔卑斯的深山中探访，阿德蒙特修道院也被称赞为拥有"美中之美"的圣地。所谓"美中之美"不正是超越肉眼所能看到的美丽，即灵魂之美吗？

正在看书的鸟类标本向我们暗示着："鸟儿们都在看书，何况人类呢？"

柏林国立图书馆阅览室。

铭记希特勒焚书教训的国家

德 国

柏林国立图书馆 德国国会图书馆

在街上遇到的柏林宣传雕塑。

分裂统一的象征
——柏林

　　跨越陌生的异国来到柏林，感觉就像回到故乡一样。在埃及和意大利，由于语言生疏，连街头的商店招牌都看不懂。虽然此时距离我曾经学习德语已经有很久的时间了，但此刻身在德国的我发现，我还是可以看懂一些这里的德文商店招牌的，所以眼睛便会不自觉地捕捉自己认识的文字。这可真是让我再次切身体会到了语言和文字的重要性。

　　到住所放下行李后，我首先来到了传统的德式露天餐厅，这里提供丰盛的德式食物和味道纯正的啤酒。啤酒杯不大，很适合品尝不同种类的啤酒。我轻轻地闭上眼睛，依次品尝那些从未喝过的生啤，幸福的感觉溢于言表。图书馆纪行从表面上来看是件高尚的、用以满足人们精神需求的事情，然而这一路走来，如若不能同时享受各地美食的话，我想其意义也会减半。清凉而苦涩的啤酒顺着喉咙而下，有一种仿佛在慢慢浸透整个胸腔的感觉，在这一刻，旅途的劳顿也瞬间消失得无影无踪。

焚书悲剧诞生的地方
——倍倍尔广场

　　说起德国，比起如今著名的图书馆，人们对希特勒焚书恐怕印象更深刻。希特勒将有碍其独裁统治的大量书籍付之一炬，同时还举行了大规模的庆典活动。当然，这也很符合希特勒一贯的风格。德国已经对纳粹的罪恶进行了充分的反省并诚恳地道歉，政府在柏林市中心建造了大量悼念犹太人惨遭屠杀的雕塑，曾举行焚书节的倍倍尔广场（Bebelplatz）也有类似雕塑，以此作为历史教训。

　　站在广场正中央，我闭上了眼睛。1933 年 5 月 10 日，我仿佛能清晰地听到当时那些葬身火海的书籍们在哭泣、哀号。臭名远扬的纳粹德国宣传部部长保罗·约瑟夫·戈培尔（Paul Joseph Göbbels）

　　1933 年 5 月 10 日，在倍倍尔广场中心，追随纳粹的学生烧毁了 100 多部自由主义作家、出版人、哲学家、学者的作品。如今，这些书籍消失殆尽，人们隔着玻璃只能看到空荡荡的书库。

打着"对抗反德精神"的旗号，从全国各地找出马克思、弗洛伊德、海因里希·海涅、伏尔泰、斯宾诺莎、雷马克、亨利希·曼、爱因斯坦等世界历史上顶尖学者们的著作，进行了残酷的"屠杀"。那时超过2万册书籍化为灰烬。

对媒体和出版的镇压即是对知识和信息的镇压。图书馆一向追求学术和思想自由，这样做无疑是与图书馆为敌。

焚书事件多年之后，政府在广场中央建起这座空空如也的地下书库，其内部构造可以通过透明玻璃在外面一览无余。书库空间内寻不见书籍的一丝踪影——象征着文化、知性和理性的缺失。距离地下书库不远处的铜板上刻有诗人海因里希·海涅的一句名言，这是他在1820年所写的作品中的一句话——一个政权开始烧书的时候若不加以阻止，那么它的下一步就要烧人！现在想来，海涅当时是否已经预见到100多年后将发生的事件，才写下这句话的呢？他惊人的睿智令人不寒而栗。这位犹太天才诗人现在正长眠于巴黎蒙马特公墓。

这难道是预见到了希特勒焚书的罪行？诗人海涅在1820年留下的警示名言被刻在了倍倍尔广场上："一个政权开始烧书的时候若不加以阻止，那么它的下一步就要烧人！"

马克思的回忆，
柏林洪堡大学

　　在倍倍尔广场的正前方坐落着德国著名高等学府柏林洪堡大学（Humboldt Universitatzu Berlin），这里曾培育出 29 位诺贝尔奖获得者。黑格尔、格林兄弟、爱因斯坦等杰出学者都曾在这所大学任教。1836—1841 年，马克思也就读于此。

　　进入学校主楼，我走上二层楼梯，看到台阶中央的大理石墙壁上由铁块拼接粘贴而成的一句名言，一时间脑子一片空白。

　　我好像多次在哪儿见过这句话，可就是想不起来到底是在哪了。一瞬间，记忆如闪电一般在我的脑海里划过。这正是马克思著名论文《关于费尔巴哈的提纲》中最后一段话。

　　"哲学家们只是用不同的方式解释世界，而问题在于改变世界。"（Die Philosophen haben die Welt nur verschieden interpretiert; es kommt aber darauf an, sie zu verändern.）

　　大一的时候，我把这句话的德语原文贴在了桌子上方，一抬头就能看到。随着岁月的流逝，我早已把它忘得一干二净，如今竟能在这里偶然遇到，真是令我感慨万千。停顿片刻，30 年的沧桑岁月涌上我心头。哲学是连钉钉子这种简单技术都不会教给你的，它只会教给人们观察事物本质（radical）的视角。青年时代的我看到马克思这一认为哲学的终极目的在于改变社会的言论后，心灵受到了极大的震撼。如今，我竟能有幸造访马克思气息犹存的洪堡大学，还意外地看到这句话！这肯定是命运的安排！

德国著名高等学府柏林洪堡大学主楼。

Die Philosophen haben die Welt nur verschieden interpretiert, es kommt aber darauf an, sie zu verändern.

马克思的哲学教诲刻在了洪堡大学内部的墙面上："哲学家们只是用不同的方式解释世界，而问题在于改变世界。"

永远航行在知识的海洋
柏林国立图书馆

　　我整理心情，将倍倍尔广场和洪堡大学的感慨深藏心中，然后继续前行，正式访问了历史悠久的柏林国立图书馆（Staatsbibliothek zu Berlin）。该图书馆以 1661 年腓特烈·威廉国王所建立的图书馆为原型而建造，具有十分重要的历史意义。德国 16 个州各自建立了国立图书馆，这是因为德国是地方分权体制，所以每个州都有国立图书馆。

　　几乎每个国家大型图书馆的入口处都会营造出一种庄严的氛围，而柏林国立图书馆则正好相反。图书馆出入口外观简洁、谦逊、内敛。

德国每个州都设有国立图书馆。柏林国立图书馆的典雅外观给人留下了深刻印象。

令人印象深刻的是，这座图书馆就好像在张开双臂欢迎来访者似的，它整体呈船舶状，寓意"永远航行在知识的海洋"。它是由著名建筑师汉斯·夏隆（Hans Scharoun）设计建造的，图书馆旁边的柏林爱乐音乐厅的设计也是出自汉斯·夏隆之手。图书馆内到处都是大大小小的圆形窗户，很容易令人联想到船舱的窗户。建筑物本身也表达了柏林市政府希望将柏林还原为文化城市的意愿。

柏林国立图书馆也在广泛收集亚洲地区的书籍资料。在此次访问期间，柏林国立图书馆还与韩国国会图书馆签订了信息资料共享协议。韩国国会电子图书馆将会为在德的韩国同胞、留学生和研究韩国学的德国国民提供查询资料，具有十分重要的意义。

柏林国立图书馆旧馆第一主楼位于柏林市中心优特登林登（Unter den Linden）街道，曾经是普鲁士皇家图书馆和国立图书馆。这里华美的巴洛克后期建筑风格、古朴典雅的设计给人留下了深刻的印象。旧馆与位于慕尼黑的巴伐利亚图书馆同为学术图书馆，收藏着大量德国发行的图书以及海外图书。

（左）柏林国立图书馆旧馆入口处古朴沧桑的景象。
（右）馆内古籍。

柏林国立图书馆阅览室内部的船舱式设计。

守护议会精神
德国国会图书馆

统一德国的国会大厦是德国建筑中的佼佼者，其设计匠心独具、华美大气。柏林一度被誉为现代建筑展览馆，在这里如此众多的卓越建筑成果中，国会大厦脱颖而出，被誉为"有个性的建筑""世界伟大的建筑"。拱形玻璃穹顶的设计让人们可以从上往下俯瞰国会大厦内部，象征着议员的议政活动透明公开，可以轻而易举地受到国民的监督。

国会正面印有"为了德国公民"（DEM DEUTSCHEN VOL-KE）的字样，表明议会是为全体德国公民而存在的。其实后面省略了"服务"二字，这句话完整说来就是"为德国公民服务"。国会大厦的穹顶层层盘绕而上，早已成为柏林的观光胜地，经常有国内外游客排成长队等待参观。

虽然我很想上去参观一下，但是因为队伍太长就放弃了。

下议院图书馆（Deutcher Bundestag Bibliothek）位于国会大厦旁边，低调隐居于斯普雷河东岸的玛丽·伊丽莎白·吕德斯故居之内。我坐上游艇沿着斯普雷河前行，联邦议会的诸多建筑从游船两侧依次驶过。下议院图书馆有80多名工作人员，收藏着130万册藏书、9000多篇核心期刊，还有多种议会资料、政府刊物等。该图书馆同亚历山大图书馆一样，设有四周弧形的带跃层的资料室。图书馆大厅共有5层，包括查阅资料和展示书籍的阅览室，圆形墙面上整齐地摆满了各类书籍。

大厅顶部的霓虹灯灯环散发出柔和的光线，用德语写着"自由

堪称"德国建筑之最"的柏林国会大厦。

　　透明的玻璃穹顶层层盘绕而上，是为了能够使议员们的议政活动透明公开，让公民得以监督。

　　图为国会下议院图书馆的内部景象。环绕圆形大厅一周的霓虹灯环璀璨夺目。

是实现平等的行为，平等是实现自由的机会"（Freiheit ist denkbar als Handelns unter Gleichen. Gleichheit ist denkbar als Möglichkeit des Handelns für die Freiheit.）的字样。意思是说，正如车的两个轮子出现差异就不能正常行驶一样，自由和平等应该同时受到重视，二者缺一不可。

欧洲大部分国家的国立图书馆有着继承其皇室图书馆的传统，故发展得相对完善，这些国家通常采

下议院图书馆馆长乌祖拉·弗莱什维特。

用议员内阁制，所以议会图书馆只为议会服务。韩国国会图书馆作为独立机关，可以为国民提供查阅信息的服务，德国国会图书馆的馆长对此表示羡慕。而美国是总统制，为防止政府垄断信息所带来的弊端，由议会图书馆承担国会图书馆的角色。

帕加马博物馆名字的由来

　　此行我还去参观了柏林的博物馆岛，这里可以称得上是最吸引游客的地方之一了。看到帕加马博物馆（Pergamonmuseum）的牌子后，我突然产生了一个疑问。众所周知，帕加马是一个因图书馆而闻名的古代王国：罗马的安东尼厄斯把帕加马图书馆的 20 万册藏书都装到船上，运到亚历山大，送给克利奥帕特拉作为结婚礼物。可究竟是什么原因，使得一座地处柏林的博物馆会使用"帕加马"这个名字呢？

　　我们先来了解一下帕加马王国。公元前 3 世纪，这个王国在小亚细亚——即今天土耳其的西北海岸附近建国。公元前 2 世纪，由于国王没有后代子嗣，臣子们为了防止内战，主动投诚成为罗马的属地。当时，希腊文化享誉世界，图书馆修建水平尤其闻名。相传，帕加马的图书馆修建水平同亚历山大图书馆不相上下，在当时十分有名。因为帕加马王国的历代国王多是藏书迷，所以才大力收集书籍来发展图书馆。

　　这件事情引来了亚历山大大帝的嫉妒之心，他下令全面禁止输出纸莎草，使得帕加马因没有原料制作纸张而无法出版图书。古有俗语：危机就是机会。帕加马一直以来都是使用纸莎草来印刷出版书籍的，因此羊皮纸的用量非常小，但此时，帕加马人为了保证书籍的出版量而改为使用羊皮纸作为印刷纸张，于是扩大羊皮纸的生产量，并正式投入大规模使用。如今羊皮纸的英文名字（parchment）

的意思就是"帕加马（pergamon）的纸张"。帕加马是推进羊皮纸实现大众化的地方。

　　通过挖掘古代图书馆遗址，人们查明帕加马图书馆是该国智慧女神雅典娜神殿的附属建筑，在其中发现了体积巨大的雅典娜雕像，以及刻有荷马、希罗多德等多位作家名字的半身雕像。德国在19世纪末挖掘出已成为废墟的帕加马遗址，将"宙斯祭坛"（帕加马祭坛）等巨大文物整体迁移，带回柏林，建成了博物馆。据说，当时德国与奥斯曼帝国交好，而奥斯曼帝国对伊斯兰文化之外的文化兴趣不大，因此德国只支付了极为低廉的费用就将整个神殿带走了。

　　走进这座博物馆，许多大理石遗物映入眼帘。这让我想起了英国，英国拆下古希腊的帕特农神殿的雕刻品——埃尔金大理石雕塑，在大英博物馆进行展出，当时希腊曾强烈要求英国将该文物归还本国。

法国国家图书馆黎塞留分馆的豪华阅览室。

一跃成为人类知识象征的文化大国

法 国

密特朗国家图书馆　法国国家图书馆黎塞留分馆

晴朗的午后，我来到了塞纳河边，这时才真切地感受到自己确实来到了巴黎。

让人忘却旅途劳顿的巴黎风致

图书馆纪行比一般的旅行劳累得多。在语言不通的情况下，还要费尽心思找寻具有历史意义的名胜古迹。本次纪行从非洲北部亚历山大图书馆开始，到现在已经探访了许多座城市的图书馆。算算时间，距离我离开韩国已经过去很长时间了，现在是时候到法国去了。韩法两国还牵扯着一桩外交悬案——外奎章阁《仪轨》归还问题（此书韩文首版出版时尚未归还，但之后已于2011年归还）。因此，到法国探访图书馆，让我感觉身上的担子有千斤重。法国是近代文化和艺术中心，它所蕴含的历史风情也令各国游客心驰神往。在我踏上巴黎的那一刻，美丽的塞纳河景色便深深地吸引了我。

坚不可摧的知识大厦
密特朗国家图书馆

也不知沿着塞纳河走了多久，密特朗国家图书馆（Bibliothèque François-Mitterrand）恍惚间就映入了眼帘，我身上的疲惫感顿然消失得无影无踪。法国总统密特朗（François Mitterrand）在 1988 年宣布要"建造世界上规模最大、最现代化的图书馆"，该工程被称为"跨世纪宏伟工程"。这座宏伟建筑耗资 12 亿欧元，如今是巴黎的名胜景点之一。4 幢 20 层大厦岿然耸立在塞纳河边，形如打开的书卷；四方分别设有一座学校运动场大小的庭院，庭院里面种满了高大的松树，郁郁葱葱。

密特朗国家图书馆是世界上规模最为宏大的图书馆之一。四座玻璃大厦地下相通，按照各自的主题分别被命名为"时间""法律""文字"和"数字"，象征着人类积累的知识坚不可摧。

图书馆用总统的名字是有缘由的。我听闻密特朗曾 49 次到访施工现场，身为总统能做到这种地步实在是让人难以置信，我特意向图书馆管理员询问此传闻是否属实。她回答说："总统经常来，虽然不清楚准确的次数，但应该有数十次。"另外，密特朗还亲自为图书馆选址，并在每周的国务会议上听取图书馆建设进程的汇报。总统密特朗之所以关心图书馆建设工程的进度，是因为他希望在卸任之前亲手为图书馆竣工剪彩。1995 年，在馆内设施及家具物品尚未就位之前，总统便提前举行了竣工仪式。一年之后，即 1996 年初，密特朗总统离开了人世。难道是因为他预见到自己将命不久矣才快马加鞭推进图书馆建设工程的吗？不管怎么说，密特朗总统虽然去

4 幢 20 层大厦岿然耸立在塞纳河边，形如打开的书卷。

密特朗国家图书馆由四幢高层玻璃大厦构成，从规模上看堪称世界之最。

世了，但是他为世界留下了伟大的密特朗图书馆。

我继续向图书馆管理员询问道："图书馆整个外墙都是玻璃的，这在同类建筑里可以称得上是独一无二。整个图书馆的布置也非常独特，密特朗总统是否参与了这里的设计呢？"她对我表现出一副"多此一问"的表情回答说："在众多的图书馆设计征募作品中，总统一下子就被这个设计稿的中央庭院结构吸引住了，当即选中了现在的这个设计方案。"密特朗对图书馆的关注度如此之高，可见是一位深爱图书馆的总统。据介绍，决定以密特朗的名字冠名国家图书馆时，没有一位国民提出过反对意见。密特朗国家图书馆是由密特朗建立的，但它是为法国国民服务的。

通常情况下，图书馆内部需要提供恒温恒湿的环境来保护书籍，而这里大面积的玻璃窗设计无疑对书籍来说是一大挑战，对此我询问了工作人员："建筑四面都是由玻璃构成的，是否能够保证有利的温度和湿度条件呢？"他们回答说："是可以的，但是维护管理费用很高。"这一回答彰显了法国政府和密特朗的文化自信——不惜一切代价建设一座漂亮的图书馆。在我看来，也许也从另一个方面显示了法国人的自命不凡和超高自信。

密特朗图书馆收藏了包括1400万册藏书在内的3000万件资料。另外，这里还为研究者开设了可以让其作为学术资料室的专项研究图书馆。这座图书馆不仅外观蕴含着贵族气息，就连其面向的使用者也主要是服务于那些坐拥财富与知识的上流社会人群。著名的蓬皮杜艺术中心（Centre Pompidou）图书馆恰恰与此处形成了鲜明的对比。那里面向社会所有人开放，是个贫富阶层大融合的场所，甚至被一部分人称为"露宿者的家园"。实际上，蓬皮杜艺术中心周边和内部都显得颇为嘈杂，为了彰显自由和开放的特性，建筑本身的钢架结构和室内电梯都赤裸裸地暴露在外，看上去就像还未完工一样。

　　一字排开、望不到尽头的书架彰显了密特朗图书馆的贵族气质。我很想优雅地坐在洒满阳光的窗边，安静地读一本书。

　　充满现代建筑实验精神的蓬皮杜艺术中心。虽然在其建成时受到众多市民的揶揄，但其钢架结构和外露电梯造就了它的独特，以致今日成为巴黎名胜。

读书使人颜如玉？

　　相传，法国某位著名设计师曾经说道："我见过很多女模特，发现经常读书的模特职业生涯更最长久。"为什么读书会使人拥有生命力呢？因为读过书的人的知性会表露在其眼神和表情上。只有外观美丽的东西注定不能长久，知性美才是真正的美丽。经常照镜子并不会越来越美，经常阅读才有可能使人越来越美。女人可以不照镜子，但不可以不读书。

在法国遇见高丽和朝鲜
法国国家图书馆黎塞留分馆

　　鉴于法韩之间就外奎章阁图书返还问题尚未达成一致意见，所以我从抵达巴黎戴高乐机场的那一刻开始，就深感自己肩上的担子有千斤重。在离开韩国之前，我就收到了查阅外奎章阁《仪轨》和《直指心体要节》（全名为《白云和尚抄录佛祖直指心体要节》，下称《直指》）的要求。《直指》被认为是现存世界上金属活字印刷版本的图书中最古老的珍本，是联合国教科文组织指定的文化遗产。现在韩国清州古印刷博物馆里的《直指》只是法国所收藏的原本的影印本。《仪轨》和《朝鲜王朝实录》都是记录韩国文化的典籍，也是联合国教科文组织指定的文化遗产。

　　结束对密特朗图书馆的访问之后，我来到了同为法国国家图书馆的黎塞留分馆（Bibliothèque Nationale site Richelieu）。这里的图书馆管理员提前拿出了《直指》和几本外奎章阁《仪轨》，亲切而热情地接待了我们。这些书籍虽然有的封面已经佚失，但是整体保存状态还算良好。虽然是收藏于他国的图书馆，但如此珍贵的书籍能够完好无损地保存着就已经是不幸中的万幸了。我打开书一页页翻过，感受到了韩国先人的气息，也沉浸在无尽感慨之中，既充满自豪又羞愧难当，然而在异国他乡，我什么都不能表露出来。

　　这时我又想起了从密特朗图书馆出来后，在开往法国国家图书馆黎塞留分馆的汽车上，我向带领我们探访的国际负责人提了个问题："1993年跟随密特朗总统访问韩国的那位图书馆管理员，目前还在法国国家图书馆工作吗？"负责人的回答大大出乎我的意料。

在此，我先卖个关子，负责人的回答我待会儿再说，先介绍一下1993年那段颇为曲折的故事。1993年，密特朗总统为出售法国高速列车（TGV）对韩国进行了国事访问。当时法国与韩国约定归还外奎章阁《仪轨》297册，为表诚意，法国国家图书馆派遣两名女性管理员先行护送297册中的一本——《徽庆园园所都监仪轨》来到韩国。事情进展到这里，似乎一切顺利而平和，然而随着两国总统在青瓦台亲自约定举行返还仪式的时间临近，两位图书馆管理员则表示无法将书籍交付，法国方面紧急亮起外交"红灯"。接下来就是法国驻韩大使出面与两位图书馆管理员沟通、处理此事，但最终也没能成功。外务长官又与两位管理员进行长时间的面谈，直到转交仪式前几分钟，图书馆管理员才泪流满面地出现在现场，将

法国国家图书馆黎塞留分馆的内部庭院，不管影像中的读书人是谁，在这里都会显得优雅而美丽。

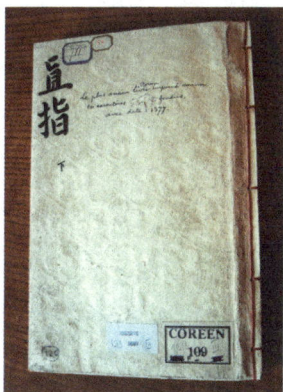

《直指》是世界上第一个领先古腾堡金属活字印刷的金属活字本。法国所藏的珍本是下册，上册则至今尚未发现。

打开《直指》，感慨良多。

一同收藏于此的外奎章阁《仪轨》。

书籍转交予韩国。当时两国媒体就这件事大肆报道。我当时刚好是MBC电视台时事木偶剧"顺耳之词与逆耳之词"节目的编剧，是站在韩方的立场上的，也在节目中委婉地提及过这次事件。此次来访，我便凭借当年对此事的了解，向法方图书馆人员提出了法方归还外奎章阁《仪轨》的事情。

带领我们探访的负责人回答道："我们刚才见到的图书馆管理部门总局长就是当年随行访韩的工作人员。"这个回答大大出乎我的意料，之后我才醒悟过来，怪不得我感觉她对我们的态度似乎有些冷淡。后来得知当年那位图书馆管理员回国后便提交了辞职信，并将其辞职之事透露给媒体，声称："这是一件关乎名誉的事，我们被迫做出了这种有悖国家利益、缺乏合法性和违反职业道德的行为。"所谓职业道德，是指作为图书馆管理员必须守护书籍的义务。

抛开政治和经济因素，不管使用何种方式得来的书籍资料，

法国国家图书馆黎塞留分馆几乎可以满足人类对图书馆所有的想象。拱形屋顶，紧凑有序排列的书架，柔和温暖的灯光，以及宽敞通透的阅览室。

1993年时任法国国家图书馆管理员、曾随密特朗总统访韩的贾克林·尚松（左），现担任法国图书馆管理部门总局长。

只要入手就绝对不会再拱手拿出，这就是图书馆管理员的职业道德。但"合法"这一说法也未免太过荒谬，如果说掠夺而来的文物是合法财产，那和小偷的逻辑有何区别？哪里是一个"文化大国"应有的逻辑？！法国著名媒体《世界报》和《费加罗报》素来以诚实客观闻名，结果他们也一致认为不必考虑国际法和联合国教科文组织的协约，不约而同地刊登头版头条文章来批评密特朗总统、支持图书馆管理员。

　　整件事情的结果就是，最终法国不再遵守卖掉 TGV 归还书籍的承诺，被韩国人指责为"不讲信用"的国家，而韩国又成为法国人眼中的"文化落后国"。不管怎么说，目前当年的两位图书馆管理员其中之一的贾克林·尚松担任法国图书馆管理部门总局长，要与韩国国会图书馆馆长面对面进行协商，在这次会谈中，想必她也无法做到心如止水。

　　韩国国会图书馆馆长此时正逢休假，所以由我代替他参加会谈。会谈期间，我积极提议两国图书馆展开合作，首先就实际开展合作工作达成一致。为了活跃一下严肃的会谈气氛，我以一段自认为比较幽默、友好的内容开头："韩国对法国关注度很高：韩国国会图书馆在向国会议员们提供所需资料时，往往会增加海外相关事例作为参考，而我们每次都会提到法国的事例；韩国国会图书馆工作人员中还有两名法国专家；韩国人非常喜欢乘坐法国产的高速列车TGV，也非常喜欢巴黎的法棍面包；韩国的水质是出了名的好，现在却有很多韩国人花高价购买法国的依云矿泉水饮用，这些足以看出韩国人对法国是非常友好的。"我以为我的这段话可以缓和一下气氛，没想到情况和我预期的不一样，当时只有韩方人员一起笑了，对方只是露出一丝短暂而尴尬的笑容。我觉得可能是因为提到TGV触及了他们痛苦的记忆，也刺痛了他们的自尊心。如果韩国人向法国人提起TGV，可能会被认为是在谴责法国只注重经济利益、违背承诺的过往，这必然会伤害到法国人那颗傲慢的心。

　　难题依旧未解，无奈之下我只能迈着沉重的脚步转身离开。在法国国家图书馆黎塞留分馆，我结束了西欧的行程。

发现古籍《直指心体要节》的朴炳善博士

　　1866 年丙寅洋扰时期，法军夺走了《朝鲜王室仪轨》，直到
2011 年 6 月，时隔 145 年之久，这本古籍才得以重返故国。旅法书
籍专家、图书馆管理员朴炳善博士见证了这一激动人心的历史时刻。
后来朴炳善博士在 5 个月后逝世，享年 88 岁。她曾在法国国家图书
馆（黎塞留分馆）找到这些书籍，为书籍归还做出了不懈努力。

　　朴炳善博士毕业于国立首尔大学，随后前往法国留学。史学家
李丙焘教授是她的老师，临行前，李丙焘教授对她说："听说在丙
寅洋扰时期，法国军队掠夺了我国的一些古书，到现在也不确定是
否属实，你到了法国记得去找找这些古书。"1967 年，朴炳善博士
在法国国家图书馆担任图书馆管理员，能有机会翻阅图书馆和博物
馆中所有的图书，因而意外发现了朝鲜朝古籍《直指心体要节》。
经过多方考证，朴炳善博士终于证明了这本成书与 1377 年的《直指》
是世界上最早采用金属活字印刷术印制的古籍，比古腾堡（Johannes
Gutenberg）活字印刷还要早 78 年。从此，朴炳善博士被称为"直
指教母"。据推测，《直指》之所以被带到法国国家图书馆收藏，
可能是因为 19 世纪末法国驻韩外交官弗朗西收集、带走了韩国的一
批古籍。

　　1975 年，身为法国国家图书馆管理员的朴炳善博士听说法国国
家图书馆凡尔赛分馆有损毁书籍保管处，立即前往查看，随后，她
在那里发现了遗失已久的《朝鲜王室仪轨》。《朝鲜王室仪轨》在

已故朴炳善博士亲切而温暖的微笑。

被法国抢走 109 年后才得以重现于世。朴炳善博士也因泄露法国国家图书馆的机密而被解雇。此后，她以读者身份每天来到图书馆查阅资料，整理了 297 册《仪轨》的目录和全部内容。

2009 年，朴炳善博士为了收集资料回到韩国时，不幸患病住院。我去探望她的时候，发现哪怕在手术前，她都在热衷于寻找相关资料并将其翻译成法文。当时我把朴博士所需的韩国国会图书馆资料带来转交给她。朴炳善博士向世人展示了图书馆管理员这一职业的重要意义和作用，她最终以学者身份被破例安葬在韩国国立显忠院。

丹麦皇家图书馆阅览室。

知识强国的童话王国

丹　麦

丹麦皇家图书馆

新港运河码头全景。这里既是哥本哈根运河之旅的起点，同时也是终点。

绿色的城市，童话的王国
——走进哥本哈根

    北欧小国丹麦有着"童话王国"的美誉，这要归功于著名童话作家安徒生。首都哥本哈根预计到 2025 年建成碳中和城市，是欧洲的"绿色之都"，也是世界上最适合骑行的城市之一。哥本哈根人口 54 万，拥有 56 万辆自行车，每条街道上都停满了自行车。此外，这里还是风靡全球的儿童玩具"乐高"的故乡。在距离此地不远的地方，就是《哈姆雷特》故事的发生地——克隆堡城。

    真人图书馆（Human Library）突破了人们对图书馆的传统认知，图书馆不只可以借书，还可以让读者"借"一个活生生的人进行交谈，以更便捷地获得更丰富的见识，这一理念正是起源于丹麦。真人图书馆的志愿者主要由社会弱势群体构成，一些人对他们（例如残疾人、同性恋者、外来务工者、特殊宗教人士、女性消防员等）带有偏见，这些志愿者就在真人图书馆里等待读者前来借阅"真人书"（living book）。2009 年，我在韩国担任国会图书馆馆长的时候，首次推出"真人图书馆"的新型运营模式；后来又履职首尔市冠岳区厅长，也一直都在贯彻落实该制度，使得真人图书馆得以在韩国大范围推广。真人图书馆活动的宗旨是通过沟通交流消除偏见和改善一些固有的传统观念，已经有很多人参与进来。

    丹麦的"终身教育"历史已有 150 多年之久。1864 年，丹麦在与普鲁士、奥地利之间的战争中惨败，为了摆脱战争惨败的伤痛与阴影，丹麦开始着力发展国民教育。立足于平等主义原则，主张人人都具备自身价值，推行终身教育制度，不分性别、种族、阶级、

　　丹麦的世界级童话作家安徒生铜像就铸在哥本哈根市政府旁边。抬眼望向四周，哥本哈根市民骑着自行车上街的情景随处可见。

运河之旅途中可以观赏到哥本哈根的标志性景观——美人鱼公主像。

残疾与否，政府都会提供平等的教育机会。这一举措为重建国家打下了坚实的基础。

哥本哈根的运河之旅令人心旷神怡。在新港运河人工港口乘坐游船，沿着运河穿梭于市中心，路经歌剧院，可以看到美人鱼公主雕像的背影，掉过船头就可以观赏到美人鱼公主的倾城之貌了，可惜光是掉转船头就需要一个小时。

运河上一颗璀璨的宝石
丹麦皇家图书馆

密涅瓦神殿是智慧的象征，隐居于此的猫头鹰直到黄昏才开始展翅翱翔，有一座图书馆也像猫头鹰一样，直到夕阳西下时才散发出耀眼的光芒。这就是有着"黑钻石"之称的丹麦皇家图书馆（Det Kongelige Bibliotek）兼国家图书馆。

夜景如此迷人的图书馆并不多见。太阳完成一天的工作后，慵懒地挂在图书馆建筑的顶端，露出半个脸庞，看起来好像是那颗巨大的黑钻石将能量聚集于一点，散发出万丈光芒。傍晚时分，在百余米宽的运河岸边，我斜靠在围栏上，沉醉于这座图书馆的美丽剪影。图书馆的中庭位于建筑中央，顶部以下全部打通，好似一个巨大的通道，待夕阳完全落下，建筑物中的灯光透过中庭的玻璃墙折射在运河水面上，使得这颗"钻石"的墨黑色愈显浓郁，更为其再添一丝神秘感。

若是把钻石与其他宝石放在一起，对其他宝石来说无疑是一种伤害。因为钻石会在那些宝石中自顾自地发光，无法阻挡，因此它是一种非常自私的宝石。然而，哥本哈根的这颗"黑钻石"却毫无保留地向所有市民张开怀抱，既善良又宽厚，集丹麦人民的宠爱于一身，是一颗名副其实的"宝石"。就这样，非洲津巴布韦产的黑色花岗岩摇身一变成了北欧丹麦的"钻石"。

1648 年，丹麦国王弗雷德里克三世创立了丹麦皇家图书馆。18世纪末伊始，该图书馆作为国家图书馆，也用于研究学术，并向大众开放，现在也是哥本哈根大学的图书馆。1906 年，丹麦皇家图书馆在现位置（城堡岛）上选址，1999年被誉为"黑钻石"的新馆竣工，赶在千禧年之前建成也是为了迎接21世纪知识信息革命的时代到来。这与法国在1995年新建密特朗国家图书馆、英国在1997年新建大英图书馆的原因如出一辙。

虽然丹麦的国土面积约为朝鲜半岛的1/5，最高峰海拔仅173米，但丹麦皇家图书馆里有两座"高峰"——存在主义先驱者克尔凯郭尔和童话作家安徒生，正是由于这两座"高峰"，这座图书馆才能傲然屹立于世界之巅。在这座图书馆中，收藏有两位巨匠的亲笔原稿，并且其亲笔原稿被收录为联合国教科文组织世界记忆遗产名录。克尔凯郭尔和安徒生既是皇家图书馆的骄傲，也是丹麦国民的骄傲。

600年前，丹麦皇家图书馆还位于港口，紧邻运河。这样的地理位置显示出他们经由运河走向大西洋、走向世界的坚定意志。这里

丹麦皇家图书馆全景。

丹麦皇家图书馆书架。

依偎在运河边的皇家图书馆。图书馆周围，市民正在河边悠闲自在地享受闲暇时光。

还是丹麦第一个亮起电灯的地方。是的，图书馆是点亮灯盏的地方。图书馆点亮的灯光启蒙了国民思想，照亮了国家未来。如此深刻的象征意义是不是在选址之时就已经体现出来了呢？

在探访世界图书馆的过程中，我遇见了很多选址颇有深意的图书馆。

世界上较早的图书馆之一——亚历山大图书馆坐落于埃及最北端的地中海海滨，意味着从公元前 3 世纪开始，亚历山大城就以"地中海知识之都"自居；纽约公共图书馆直接落址于曼哈顿的正中央；俄罗斯国家图书馆坐落于俄罗斯"权力的心脏"克里姆林宫前；朝鲜人民大学习堂与大同江对面的主体思想塔隔江相望。

"黑钻石"无疑是哲学和逻辑的产物。这座图书馆是按照建设哥本哈根神殿标准而设计的，外观上也展现出了帕特农神殿般的庄严与简约，这也是在向馆内收藏的国家文化遗产致敬。而该图书馆那显而易见的标志性建筑的作用反而只是它的一个附属意义。

图书馆外观庄严简约，内部却是亲近市民的复合文化空间，这样的内外风格形成了鲜明的对比。它与传统图书馆的内部结构完全不同，入口处就设有商店、咖啡馆、西餐厅、号称"女王殿堂"的音乐厅，以及各种展示厅等，以此来打破以往常规的图书馆空间，以吸引市民到此自由自在地享受闲暇时光。图书馆周围的广场是年轻人约会和婚礼后拍照留念的网红场所，人气非常高。如果将这里比喻成人，那么它的外表上看是高冷沉默的城市男士（女士），进去之后似乎就突然变成了平易近人的男士（女士）。这座图书馆是不是可以理解为这种有着反转魅力的人呢？

丹麦皇家图书馆将新、旧馆迥然不同的面貌辩证地组合在了一起，新馆与旧馆和谐地构成了一个整体。旧馆采用红砖砌成，左右呈对称分布；新馆则是由黑色花岗岩砌成的不对称建筑。三条天桥将泾渭分明的新、旧两馆连接在一起。旧馆的稳重与传统配上新馆

　　走廊里的年轻人摆出各种自由奔放的姿势敲着笔记本电脑的键盘。无论是在街上，还是在图书馆里，我经常可以看到充分享受自由的丹麦人。

　　红砖砌成的旧馆（左）与黑色花岗岩砌成的新馆（右）形成鲜明对比。两座建筑由三条天桥连接而成，新馆与旧馆和谐为一。

的灵动与进取，向大家传递出一条信息：以传统为平台进行起跳。现代简约与传统庄严、活泼与肃穆有机地合为一体，这样的建筑实在是世间少有。

　　在杜松子酒中倒入汤力水饮料后，再放入柠檬片，从理论上说就制成了金汤力，但如果在此基础上再加上一颗红樱桃，才算是做出了一杯真正漂亮的鸡尾酒。在"黑钻石"建筑内部，能够像樱桃一样发挥点缀作用的就是场馆中央从地面直通顶部的扇形中庭了。

　　如果没有这个中庭，整栋建筑就会显得呆板无比。中庭赋予这座建筑以自由呼吸的空间，增添了与外界沟通的渠道。太阳落山后，闪烁着金黄色光芒的馆内灯光将建筑物长长的倒影沉入水中，呈现出一种不可言说的神秘感，这都要归功于中庭的存在。

　　从内部看，中庭可以收到来自两个方向的自然采光——把来自

夕阳西下，挂在新馆上的夕阳仿佛一颗巨大的钻石，光芒四射。

天空的光线和被运河水反射出来的光线全部收入囊中，营造一种愉快明亮的氛围。

中庭从建筑的最顶端垂直敞开直至地面，顶端海浪状的栏杆由内向外延伸"流动"，透过玻璃墙与运河水相连。坐在图书馆里，看那大大小小的船只来来往往，对面的建筑物也尽收眼底。游船、客船、货船、皮艇和划艇在图书馆前悠闲地经过，如此普通的场景看上去也是那么浪漫温馨。在图书馆里可以看到如此曼妙的风景，读者难免心中悸动。中庭使图书馆得以内外相连，上下相通。

虽然这里的马丁·路德和伊曼纽尔·康德的初版作品、托马斯·莫尔和约翰·米尔顿的著作等 1600 多本书曾经被盗，所幸在 30 多年后这些书籍出现在伦敦克里斯蒂拍卖会上，图书馆最终将书籍找回。查其原因，原来是图书馆内部管理人员所为。偷书贼与书籍的历史和轨迹是一致的，只要有书籍存在，偷书贼就从未间断过。

自下而上垂直散开的中庭象征着上下沟通、内外交流。每层波浪状的护栏由内向外延伸"流动"，并通过玻璃墙与运河水无形地连接在一起。

丹麦同时代的两位巨匠
——克尔凯郭尔和安徒生

存在主义之父——克尔凯郭尔

走进 1906 年建成的皇家图书馆旧馆庭院，索伦·奥贝·克尔凯郭尔（Søren Kierkegaard）的铜像面向访客致意，他提笔微微低头的样子似乎在专心思考着什么。这位存在主义哲学家在思考什么存在问题呢？走入新馆正门，可以看到图书馆商店里挂满了这位哲学家的巨幅肖像，也摆放着许多克尔凯郭尔的相关书

克尔凯郭尔铜像。

籍。在位于地下的克尔凯郭尔展览馆里，保存有他的手写稿件、《非此即彼》等著作、相关研究资料、肖像画等各种物品。其中还有一封他写给自己心爱女人的情书，而且还在里面画了插图，他不俗的绘画水平也可从中窥见一斑。

克尔凯郭尔批判 19 世纪初叶教会与世俗权力相互勾结、腐败为政，呼吁国家进行宗教改革，但他并没有得到群众的响应，从而陷入孤立无援之境。他把这种立场和处境延伸到存在主义哲学上，存在就是通过"非此即彼"的选择来实现自我——要么选择，要么放弃。

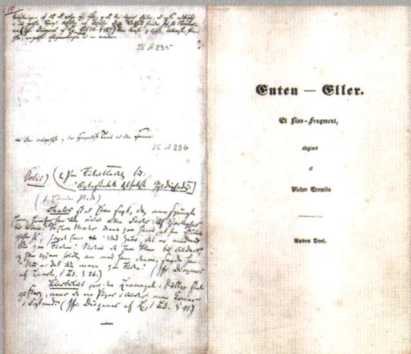

存在主义先驱者克尔凯郭尔的《非此即彼》 克尔凯郭尔的情书。
初版。

享誉世界的童话作家——安徒生

汉斯·克里斯汀·安徒生（Hans
Christian Andersen）创作出了诸如《美人
鱼的故事》《丑小鸭》《国王的新衣》等
一系列家喻户晓的童话故事，这些童话深
受世界各国儿童的喜爱。克尔凯郭尔的铜
像位于图书馆内，而安徒生的铜像则位于
距离市民较近的哥本哈根市政厅旁的街道
上。各国游客会在铜像前拍照留影，来来
往往，络绎不绝，可见安徒生深受世界各
国人民喜爱。

安徒生所著《安徒生旅
行记：我的童话地图》原稿。

安徒生是丹麦引以为豪的伟大作家，他去世后，国王出席了他
的葬礼，全国都在为巨星的陨落哀悼。皇家图书馆收藏着包括《安
徒生旅行记：我的童话地图》在内的安徒生亲笔原稿和信件，以及
他出于兴趣制作的剪纸作品、书签等。

俄罗斯国家图书馆阅览室的有序景象。

感受陀思妥耶夫斯基的气息

俄罗斯

苏联科学院图书馆　圣彼得堡国立大学图书馆　俄罗斯国家图书馆

叶利钦总统图书馆　俄罗斯国立图书馆　莫斯科国立大学学术图书馆

阿列克谢二世图书馆　俄罗斯国立艺术图书馆

俄罗斯科学院社会科学信息研究所图书馆　俄罗斯议会图书馆

北纬 60 度，
彻夜难眠的圣彼得堡之夜

    关于俄罗斯图书馆的故事，真不知该从何讲起，也不知该如何讲述。一如俄罗斯国土面积之辽阔，历史文化底蕴之深厚，俄罗斯的图书馆建筑规模宏大，藏书量也极其丰富，人均藏书量世界领先。迄今为止，在韩国都还没有哪本书全面介绍过俄罗斯的图书馆。早期很长一段时间韩国的图书馆专家经常访问美国和欧洲的图书馆，却遗漏了世界上更多国家的图书馆。也许有人去参观过，但从未有人深入探访并向韩国民众广泛宣传过相关信息。

    如果说俄罗斯的图书馆是一片巨大的原始森林，那么我便成了第一个在这里留下足迹的韩国冒险家。有句话说得很对："不要随意在雪地里留下痕迹，因为会有后人跟着你的脚印走来。"说得夸张一点，我要把自己所著的与图书馆相关的《露游见闻》写成能与俞吉浚的《西游见闻》[1] 相媲美的水平——真是令我如坐针毡。

    此时此刻，我仿佛置身于没有道路的原始森林中，讲述着森林中的故事。在俄罗斯图书馆这片浩瀚的森林面前，我是一个初来乍到的不速之客，手里连指南针和地图也没有。尽管如此，在漆黑的夜晚，我背上降落伞，义无反顾地跳入俄罗斯图书馆这片原始森林进行探险，这个想法在我心中坚定不移。

    我之所以这么冲动，正因为那是片未知的森林，拥有着未知的魅力。未知世界的诱惑绝对不可小觑。我只凭一腔热情，眼睛一闭

1　李氏朝鲜后期政治家俞吉浚所著的西方纪行录，1895 年在东京交询社出版。

便跳了进去。

11月的某个下午，我在中国北京转机飞往俄罗斯圣彼得堡。同行的旅客中有很多是随团出游的俄罗斯夫妻，他们接连几个小时不停地喧闹。别说是看书了，我就连合上眼小睡一觉都不行。他们说的话我也听不懂，一路上听着这些嘈杂的"俄语"，令我头晕目眩。不管怎样，飞机依旧是蜻蜓点水般划过天空，向目的地飞去。

在即将着陆的时候，我赶忙走到靠窗的空位坐下，向窗外望去。外面天色已暗，再加上云层密布，什么也看不见。飞机降低高度的过程持续了好一阵，但也只是从层层叠叠的云层中穿过，看不见一点光亮。我甚至开始想象会不会出现飞机撞到地面的悲惨剧情。又过了好一会儿，我好不容易看到了唯一的光源——机场跑道上的路灯。看到亮起的灯光，我暂时安心松了一口气。"俄罗斯图书馆纪

访问俄罗斯图书馆的时候，经常会见到很多头发斑白的老绅士在图书馆中阅览图书。苏联时代的哲学、文学、思想风靡了整整一个时代，旧日荣光仿佛还浮现在眼前。

行"真的已经近在眼前了。

韩国驻圣彼得堡的总领事李锡培先生亲临机场接机，让我倍感荣幸。圣以撒教堂是这座城市的标志性建筑，教堂前有一家历史悠久的酒店，在总领事的带领下，我在这里办理了入住手续。收拾完行李后，我却久久不能入睡。当地时间晚上 11 点，在韩国是凌晨 5 点，我独自一人在教堂前的圣以撒广场上散步，教堂金黄色的穹顶在灯光的衬托下，已经不是一个"美丽"就可以描述的了，在美丽之上，它更添加了一丝神秘。

广场散步后，我回到酒店房间躺下，头脑反而更清醒了。北纬 60 度，保留着地球北端最美丽的文化遗产。由于极昼现象，这座城市的整个夏季中的大部分时间都被白昼占据，直至子夜一点，太阳也不落山，周围环境通透明亮，很难入睡。然而我这大冬天里为什么也从白夜熬到白天，彻夜难眠？俄罗斯的图书馆纪行从明早开始，大概是怀着对明早的期待和担忧，我心潮澎湃，久久不能平静。

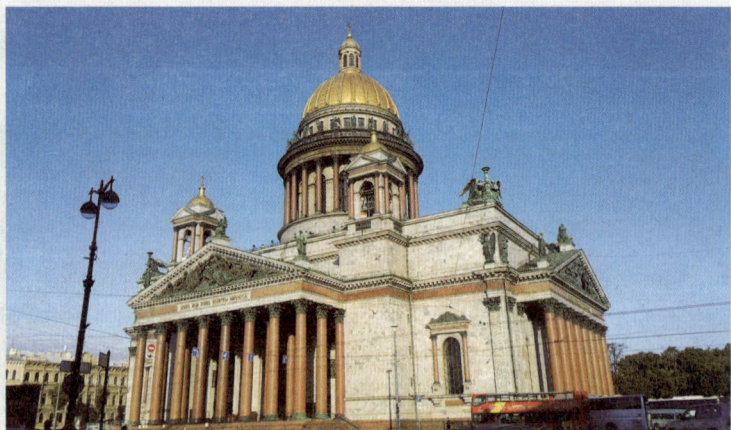

圣彼得堡的标志性建筑——庄严肃穆的圣以撒教堂。

彼得大帝的呼吸
苏联科学院图书馆

　　我的俄罗斯图书馆纪行从俄罗斯鼻祖级图书馆——苏联科学院图书馆（Russian Academy of Sciences Library）迈出第一步。走到科学院图书馆正门前的广场上，我首先遇到了背手站着的萨哈罗夫（Andrei Dimitrievich Sakharov）博士铜像。萨哈罗夫是世界著名原子物理学家、苏联人权运动家、诺贝尔和平奖获得者。还未踏入图书馆，门前的铜像就让我心生敬畏。我正想移步走进图书馆，向导说旁边的建筑物是一座实验楼，巴甫洛夫动物条件反射实验里面那只狗狗的后代们至今居住在里面。听到这一介绍，我不禁再次惊讶。然而这些传奇人物的名字只是个序幕。在之后的几天里，让我惊讶的事情简直难以计数。图书馆与知名人士已经不可分割了。

　　推开笨重的图书馆木门，我拾级而上来到二层。在这里我一眼就看到了一座神情严肃、俯视下方的白色半身像——彼得大帝（Pyotr I）。有了他才有了今天的圣彼得堡，不，甚至应该说是有了他才有今天的俄罗斯。彼得大帝把首都迁到圣彼得堡，在与瑞典的战争中，经多年苦苦征战，最终战胜瑞典，赢得了波罗的海的出海口，才有了如今的俄罗斯版图。作为俄罗斯具有代表性的改革派君主，彼得大帝备受人民的推崇和爱戴。那么他为什么站在图书馆门口呢？

　　我们先来回顾一下俄罗斯第一座图书馆的历史吧。走廊式建馆历史宣传栏向我们展示了这里曲折的发展史，看过后，我们会发现这里真当得起"俄罗斯第一座图书馆"这个称号。1714 年，根据彼

苏联科学院图书馆的正门。

（左）世界著名原子物理学家萨哈罗夫的铜像。
（右）首先映入眼帘的是彼得大帝的白色半身像。

得大帝的敕令，该图书馆仿照欧洲图书馆的运营模式创立，并对大众开放。最早收藏进来的图书是彼得大帝从莫斯科带来的私人藏书和夏宫里的藏书。据说，该图书馆当时不仅收藏了普通书籍，还收藏了许多珍本，同时也扮演着书籍博物馆的角色。

俄罗斯科学院成立于1724年，当时已是晚年的彼得大帝为促进自然科学和社会科学基础研究的发展而成立了此科学院。在欧洲的艺术文化成果中，他最重视的就是与教育和学术相关的内容，尤其重视新兴学科——数学和自然科学。俄国十月革命之后，科学院的地位进一步提高，1934年迁至莫斯科。1991年科学院遵照总统令，成为俄罗斯最高学术机构。目前，俄罗斯科学院拥有各类研究中心，组织机构庞大，负责学术研究、书籍出版、实验室和天文台的运营，以及国际交流等项目，是俄罗斯学术研究的中心机构，在俄罗斯国内享有盛誉。科学院的正式成员享受国家最高待遇，在国际上也广受认可。科学院图书馆下设15个专项图书馆。

用一句话来总结，就是俄罗斯先建成了图书馆，10年之后才成立了科学院，俄国十月革命后图书馆留在圣彼得堡，科学院本部迁至莫斯科；直至1922年，列宁（VladimirIlích Lenin）正式成立科学院图书馆。彼得大帝为俄罗斯开拓了辽阔的疆土，在学术和教育方面也立下了汗马功劳，是一位文武双全的旷世明君。所以也就不难理解彼得大帝的塑像为什么会占据图书馆最重要的位置了。

俄罗斯当代的一批著名学者几乎都参与了图书馆的建设，尤其是米哈伊尔·瓦西里耶维奇·罗蒙诺索夫（Mikhail Vasilievich Lomonosov），他为苏联科学院图书馆做出了突出贡献。他将本人收藏的图书捐赠给了图书馆，并亲自参与了诸如资料搜索和利用等多方面的工作。他曾说道："图书馆的可贵之处不在于那些名贵木材所雕刻而成的书柜，而在于调动人们求知欲的珍贵图书和作品。"这句名言已经成为几代俄罗斯图书管理员的座右铭。

截至 18 世纪末，该图书馆一直在俄罗斯的图书馆中占据重要地位。进入 19 世纪后，随着科学院下属科学研究机构数量的不断增加，与其相关的特殊图书馆陆续成立，统一的图书馆网络又将各个下属图书馆连接在一起，科学院图书馆成为行政、组织和理论上的中心枢纽。

19—20 世纪，德米特里·伊万诺维奇·门捷列夫（Dmitrii Ivanovich Mendeleev）、伊万·彼得罗维奇·巴甫洛夫（Ivan Petrovich Pavlov）等著名学者、文化活动家、社会活动家都是这座图书馆的常客。据馆藏记录记载，列宁年轻时也曾在这里学习。他在阅览者名册上亲笔写下自己的名字，并在学习科目栏写下了"政治经济和统计"。1917 年十月革命后，列宁极度关注图书馆的发展。他认为，

科学院图书馆阅览者名单上写有列宁的亲笔签名。第二排内容为：弗拉基米尔·伊里奇·乌里扬诺夫（列宁原名）、叶卡捷琳戈夫斯基 3，8（据推测是其住址）、政治经济和统计。

为了提高人民的知识水平，促进思想启蒙，应重点发展图书馆建设。后来列宁起草和签署了图书馆法令。

图书馆宣传册里提到，列宁曾把原来位于人类学博物馆内部的图书馆转移到了空间大三倍的新建筑物内。彼得大帝和列宁被誉为近代俄罗斯历史上的"Big 2"，这两位伟人恰恰都在苏联科学院图书馆留下了自己的印记，实属罕见。由此我们又一次印证了一个事实：各国名人志士都深知图书馆所蕴含的巨大价值，也都为图书馆的发展做出了突出贡献。

该图书馆自建成至今已有 300 年的历史，期间曾经历过三次火灾。1988 年第三次发生火灾时，由于火势较大，政府不得不将涅瓦河的水引到图书馆灭火，才得以控制住火势。这场大火最终导致 40 多万本书籍被火烧毁，350 多万本书籍被水浸湿。此后受霉菌影响，其他藏书也岌岌可危。相传当时一部分藏书使用暖风机和烘干机被烘干，而另外一部分则被临时保管在冰箱里。时至今日，当地人们一想到"霉菌之战"，仍感觉触目惊心。

联合国教科文组织、国际图书馆协会联合会（IFLA）、美国议会图书馆以及世界各国都积极采取措施，伸出援手来挽救这座因火灾而受到重创的历史悠久的图书馆，体现了世界图书馆人之间超越国界和信仰的友情。最终，他们在德国一家研究所研制的特殊材料的帮助下度过了这次危机，这种特殊的材料利用罐头保鲜原理使得藏书免遭霉菌之害。此外，德国还向俄罗斯捐赠了一笔数额巨大的修复费。此后，被烧毁的书籍残物被原封不动地展示在历史馆里，为的是让人们永远铭记这次火灾教训。

在第二次世界大战中，该图书馆也面临重重危机。当时的图书馆管理员是德军封锁列宁格勒（"圣彼得堡"的旧称）长达 900 天的亲历者，因此对这段往事的记忆十分深刻，他在向后人描述时也十分精彩动人、扣人心弦，且被流传至今。

讲到这里，向导的声音听上去有些哽咽。"二战"期间，德国纳粹出动大军奔赴苏联，为的是扼住苏联的咽喉。1941—1943年，列宁格勒遭到敌人的封锁，被敌人断粮、断燃料。敌人的这一封锁导致当时由于饥饿、寒冷和炮弹袭击而不幸死去的人不计其数。这座坚韧不屈的城市也因此被称为"英雄城市"。

　　令人意外的是，在那段艰苦岁月里，图书馆却能一直对外开放。冬天酷寒难耐，气温降至零下三四十度，温度计里的水银柱降至最低点，图书馆的玻璃窗残破不堪，也没有暖气供暖，在如此恶劣的条件下，科学院图书馆依旧对外开放，真是令人难以置信。不仅如此，他们甚至还为军队和医院专门准备了移动图书馆。据说当时饥寒交迫、炮弹横飞，工作人员为了保护图书馆里珍贵的资料和借阅者的安全，挺身而出、殊死搏斗，有将近半数的内部员工不幸牺牲。1964年，恰逢图书馆建成250周年，科学院图书馆荣获"劳动红旗

图为科学院图书馆的主阅览室。阅览室后墙的正中央挂着萨哈罗夫博士的肖像照。

勋章"。馆内的影像资料记录了遭受枪击后残破的玻璃窗、女员工们冒着严寒爬上楼顶查看德军空袭情况，以及市民们热衷于读书的景象，真实记录了当时的情景。

瞬间，我的脑海中闪过一道亮光——希望之光。为什么会这样呢？在特殊情况下，图书馆其实完全可以闭馆，但究竟是什么原因使得图书馆的工作人员在那种极其恶劣的情况下，还要坚持敞开图书馆的大门呢？也许对图书馆的工作人员来说，图书馆本身就是希望，无论多么寒冷、多么饥饿，他们也要守住图书馆最后的尊严。这样想来，图书馆可以称得上是生命的"最后一片叶子"了。

自1728年科学院印刷所成立伊始，图书馆就保管着科学院的所有出版成果。其中不乏经皇帝审阅后被指定为禁书或非法的"自由出版"书籍，这些都称得上是非常珍贵的收藏品。

这里还收藏着16世纪人物编年史和各种手抄本等罕见资料，这

在列宁格勒被封锁的900天里，穿着厚重冬装的图书馆女职员冒着零下三四十度的严寒，爬上楼顶查看德军空袭情况。

正在查找卡片检索目录的读者。卡片检索的方式在俄罗斯的图书馆随处可见。

些珍贵的资料都是图书馆的骄傲。

　　苏联科学院图书馆的藏书量超过 2000 万册，其中韩文书籍共有 1.3 万多册。这些书中，较早时期的书籍主要来源于朝鲜，近期的书籍则大部分来自韩国。由于该图书馆目前还没有完全实现数字化管理，因此在检索书籍时，需要同时使用电脑和卡片目录。当我问及数字化何时才能实现时，得到了图书馆馆员一个非常诚实的回答。图书馆馆员笑着说："我们早在 5 年前就开始了数字化工作进程，由于工作量非常庞大，至今还不能确定何时可以完工。"这座古色古香的图书馆向世人展示了俄罗斯的历史。走出图书馆，不知不觉中我也开始对他们的荣誉感、民族自豪感以及身陷困境时顽强的生命力心生敬畏。

俄罗斯的传奇天才学者——罗蒙诺索夫

罗蒙诺索夫出生在俄罗斯最北端白海沿岸的渔夫家庭，家境贫寒。他 19 岁离开家来到数百公里外的圣彼得堡学习，经过不懈的努力，最终成了圣彼得堡国立大学的教授。之后罗蒙诺索夫又一手创办了莫斯科罗蒙诺索夫国立大学。如今，这两所顶尖名校在俄罗斯成了竞争对手，为了各自的学术尊严而竞相追赶，但在它们的校园内都设有罗蒙诺索夫的铜像。

罗蒙诺索夫是第一位使用俄语讲授物理学的教授，不仅提出了"质量守恒定律"，还编著了相关百科词典，流传深远。虽然他在学术研究领域创下了惊人的业绩，但对于韩国人来说，对这个名字更为熟悉的恐怕要属"罗蒙诺索夫"牌俄罗斯皇家瓷器了。罗蒙诺索夫提出的瓷器烧制方法，能够制作出世界上最轻薄、最坚固、最纯粹、最华丽且蕴含着俄罗斯特有冰冷之美的瓷器。其实，我也是来到科学院图书馆之后才第一次听说他，未曾想到，之后无论走到哪里，我都会听到和他有关的信息，也会看到他的雕像。

俄罗斯近代史的中心
圣彼得堡国立大学图书馆

1724 年，彼得大帝敕令成立了中央师范学校，1819 年正式更名为圣彼得堡国立大学，成为俄罗斯两大著名高等学府之一。圣彼得堡国立大学成立后曾中途被封校，因此它和 1755 年成立的莫斯科国立大学相比，究竟谁是俄罗斯大学的始祖，便在当地产生了争议。我们可以看到，圣彼得堡这座城市在各个领域都与莫斯科形成了鲜明的竞争关系。

经济系教授朴钟洙（左）和韩国语系教授古里耶娃（右）。

圣彼得堡市民最不喜欢听到的称谓就是"俄罗斯第二大城市"。自然，圣彼得堡国立大学也不甘落后于莫斯科国立大学。

涅瓦河是圣彼得堡的母亲河，孕育了这座不朽的城市，而圣彼得堡国立大学就建在涅瓦河畔。走进圣彼得堡国立大学，首先映入眼帘的是一座宫殿般华美的巴洛克风格教学楼。这座建筑出自 18 世纪 20 年代意大利著名建筑师多梅尼克·特雷齐尼（Domenico Trezzini）之手。这次圣彼得堡国立大学之旅使我们有幸得到了该校经济系教授朴钟洙和韩国语专业教授古里耶娃博士的热情接待。

打开教学楼的大门，我便看到了古旧的石阶，它仿佛在默默无言地向我们诉说这座大学的悠久历史。走上楼能看到一条长约 500

米、比坦克还宽的回廊，其中一侧墙面的书架上陈列了满墙的古书，这使得回廊也发挥了图书馆空间的作用。另一面墙上则陈列着大量铜像和肖像画，肖像或铜像的表情独特，姿态各异，这些艺术品的主角都是为学校增光添彩的著名人士或在圣彼得堡出生的伟大人物。所以，这里可以称得上是一个"荣誉的殿堂"。

铜像中为首的一尊正在向我们"致意"，他脸上有着长长的胡须，手傲慢地插在口袋里，看起来性格有点乖张。

他就是门捷列夫。嗯？我好像在哪里听到过很多次这个名字。他就是化学元素周期表的创造者！学生时代的我为了背诵元素周期表可是吃尽了苦头。提到门捷列夫，我首先想到的竟然是他让我吃尽了苦头，真是令人哭笑不得。门捷列夫出生在西伯利亚，在17个兄弟姐妹中排行最末。他成功考进圣彼得堡国立大学医学系，结果在观看尸体解剖时当场晕倒，因此被赶出了师门。于是门捷列夫

圣彼得堡国立大学主楼。

长 500 米的回廊右侧墙面陈列着为该所大学做出杰出贡献的人物铜像和肖像画。

改变了专业方向，致力于将化学这一学科发展成为现代科学。非常遗憾的是，他以一票之差与诺贝尔化学奖失之交臂，并在两个月后抱憾辞世。此外，他还发表过一篇赫赫有名的文章，将俄罗斯国酒伏特加的最佳酒精度数定为 40 度，该论文主张的理论已得到世界公认：当伏特加酒的酒精度数为 40 度时味道最佳。

这里还陈列着著名作家果戈理的肖像画，他曾以圣彼得堡为舞台创作出了世界名著《外套》。果戈理揭露了农奴制的反人道主义面孔和官僚社会的罪恶，开创了俄罗斯现实主义文学的先河，享誉世界。这里还有一座彼得大帝的铜像，这座铜像并不是常见的"皇帝"容貌，他看上去别有一番"风味"。他的面容年轻且充满朝气，身着大衣，看起来更像是一位艺术家。此外，这里的罗蒙诺索夫铜像也非常引人注目。

最让圣彼得堡大学引以为傲的是，这里曾经培育出生物学大家梅契尼科夫、巴甫洛夫等 8 位诺贝尔奖获得者。菲尔兹奖被誉为"数学诺贝尔奖"，2009年有一位学者因拒绝领奖而名声大噪，他就是出生于圣彼得堡的格里戈里·佩雷尔曼（Grigori Perelman）。当年他解决了百年来无人能解的"庞加莱猜想"，评审委员们准备授予他菲尔兹奖，但格里戈里·佩雷尔曼本人拒绝了100万美元的奖金和荣誉，始终与母亲生活在圣彼得堡一所简陋的公寓里，仅仅依靠微薄的年金勉强度日。唉！如此行为我等凡人实在是难以理解！

这座教学楼最初是12个政府部门协同办公的综合大楼，回廊尽头的墙壁上挂着一幅描述彼得大帝在此处主持阁僚会议的画作，好像也验证了这一点。相传1838年尼古拉一世下令将该建筑赐给圣彼得堡国立大学。长长的回廊里曾经留下过彼得大帝率众走过的脚步，如今已成为教导学生们铭记历史教训的纪念场所，也是颇受欢迎的电影取景地。

圣彼得堡国立大学的图书馆由主楼图书馆和23个系图书馆组成。主楼图书馆为高尔基馆，为了纪念小说《母亲》的作者高尔基。圣彼得堡大学的优秀校友数不胜数，为何非要采用一个非本校毕业生的人来命名呢？高尔基早年失去父母，勤工俭学，以现实主义视角描写出了沙俄帝国主义统治下底层人民水深火热的生活，被公认为无产阶级文学的先驱。他联合"左翼"作家，提倡社会主义现实主义。"大地和人类需要的不是祈祷，而是劳动。"这句话十分贴切地体现了他的思想。

1783年女皇叶卡捷琳娜二世率先捐赠1000多本书籍，建成了这座图书馆。目前，图书馆藏书量已多达700万册。其中10万余册已实现数字化，可通过电脑进行搜索。这是俄罗斯学术领域的第一个图书馆。该图书馆还特别重视收集古书，至今已有10万余册在库，且一直致力于实现古书典籍数字化。

大约在1888年，圣彼得堡大学为了学校的名誉和学术研究，逐渐认识到开设朝鲜语课程的必要性，教育部部长对此也十分重视。

马克西姆·高尔基图书馆阅览室。

10 年之后，教育部部长写信给俄国驻汉城公使韦柏恩，委托他推荐朝鲜语教授。于是，当闵英焕特使一行人来到圣彼得堡访问时，校方便聘请了随行而来的尹致昊先生开设朝鲜语课程。但是由于尹致昊先生与特使一行人意见不合，竟拂袖而去，最后只好由一同前来的金炳玉先生（金炳玉先生原本是为筹备驻外公馆事宜一同前往的）代为进行课程开设项目。

接下来，我来到了东方学系图书馆，这里原是彼得二世的寝宫。馆内陈列着当时最早使用的朝鲜语教材，是东方学系图书馆的珍藏本，也是世界上第一本海外朝鲜语教材。

据说该教材是金炳玉先生在开设朝鲜语课程的第二年，以课程内容为基础编辑而成的。我小心翼翼地翻开书页，仿佛还能真切感受到当时金炳玉先生所流下的气息。远离日渐衰落的祖国，在异国他乡教授朝鲜语的金炳玉先生又是怎样的心情呢？

古里耶娃教授操着一口流利的韩语为我们介绍情况，看起来平

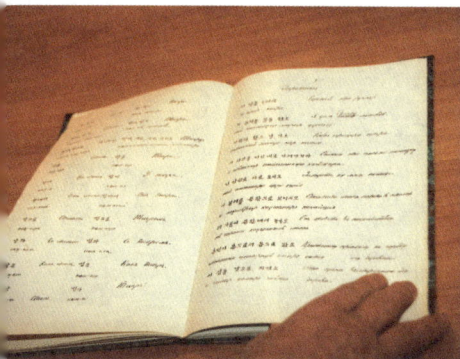

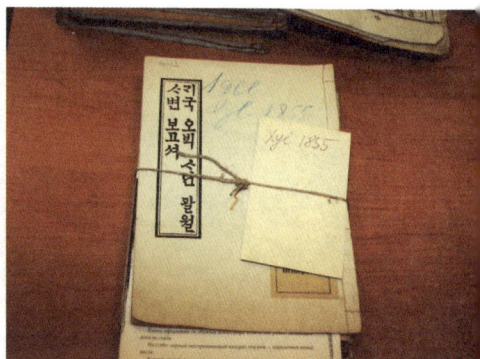

（左）世界上最早出现的海外朝鲜语教材，是保留下来的唯一一珍本。
（右）明成皇后刺杀事件相关内容的报告书。

易近人。古里耶娃教授毕业于本校，曾到延世大学语言学院学习过一年，目前担任韩国文学史和韩国语课程的教师。我们去的时候，恰好旁边的教室里有十几名韩语系四年级学生正在上课，见我们推门进来，学生们用标准的"韩式"鞠躬向我们打招呼，一一起身弯腰问好，其中只有一位男学生。我告诉他们我是韩国国会图书馆馆长，所有人都露出了欢快的笑容，热情地欢迎我。正在授课的韩裔女教授崔仁娜博士说她曾在韩国翰林大学讲过课。

东方学系前面的院子里，有一个非常有趣的雕塑吸引了我的视线。一个人从旅行箱里探出半个脑袋，正呆呆地望着远方，其茫然的表情意味隽永。他是谁呢？他就是1987年诺贝尔文学奖得主约瑟夫·布罗茨基（Joseph Brodsky）。他出生在圣彼得堡，自学哲学和宗教史，成了一名诗人。他以尖锐的笔触写出了人类的生死、存在的意义等本质问题，受到了广泛的认可，并一举拿下诺贝尔文学奖。这座雕塑生动刻画出了诗人远走他乡、四处流浪的悲惨命运。背井离乡的作家并不会因为获得诺贝尔奖而感到幸福。仔细端详他的表情，我们就能发现其浓烈的孤独感。牲畜濒死之时，尚且会转头朝

（左）韩语系四年级学生正在上课，我与他们打了招呼。

（右）诺贝尔文学奖得主、诗人布罗茨基的雕塑，只能看到他从旅行箱里露出半个脑袋。他在看什么呢？

向自己曾生活过的地方，况于人乎？这位诗人蓦然望着远方，似乎在诉说自己的思乡之情。

提到圣彼得堡国立大学，列宁是必须要提及的人物。列宁 20 岁时曾在圣彼得堡国立大学法学院作为旁听生学习了一年，不仅以第一名的成绩毕业，还在司法考试中获得最高分，成为一名律师。他辗转于校内的各个地下社团（学生进步团体），通过演讲和讨论练就了优秀的领导能力。这所大学对列宁来说有着举足轻重的意义。

近代俄罗斯的两位著名人物——彼得大帝和列宁，再加上女皇叶卡捷琳娜二世都与圣彼得堡国立大学之间有着千丝万缕的联系。这所大学不仅仅是单纯的教育机构，在俄罗斯近代史上也占据了不可替代的核心位置。

俄罗斯的国酒——伏特加

在俄罗斯，伏特加相当于韩国的烧酒和米酒。它并不是单纯的酒，而是蕴含着人生悲欢离合、喜怒哀乐的酒。都说伏特加是无颜色、无气味、无味道的纯酒，它的确是无色的，但气味和味道好像还是有一点的。据说，按照俄罗斯的惯例，在喝酒时第一杯酒应该一饮而尽，不许剩下。喝伏特加有多种方法，圣彼得堡领事馆李汉娜女士介绍给我的方法是我听到过的方法中最有趣的一种。

"把伏特加整瓶放进冷冻室里，等它呈现出如糖稀般的黏稠状态后，倒进杯子一饮而尽。这时粘稠的酒像乒乓球一样跳跃着沿食道向下进入胃里，肚子会跟着慢慢发热，然后像足球一样膨胀起来。这种感觉再由肚子渐渐上升到头部，最后整个身体就像变成气球一样飞了起来。"好奇的读者可以体验一下。

拜谒伏尔泰
俄罗斯国家图书馆

　　俄罗斯国家图书馆（The National Library of Russia，又名"圣彼得堡国家图书馆"）位于圣彼得堡，它与位于莫斯科的俄罗斯国立图书馆（Russian State Library，又名"列宁图书馆"）并驾齐驱，成为俄罗斯图书馆中的佼佼者，同时也是享誉世界的著名图书馆。1795年女皇叶卡捷琳娜二世下令建立俄罗斯第一个国家图书馆，也是皇室所有的公共图书馆，同时还是东欧地区第一个公共图书馆，具有里程碑式的重要意义。圣彼得堡市民将本市自称为"俄罗斯文化艺术之都"，该图书馆也是市民引以为傲的文化象征之一。

　　自图书馆1814年面向大众开放后，实际上就成了俄罗斯思想启蒙的要塞，也是这里文化与科学的交流中心。普希金、托尔斯泰、高尔基、列宁、门捷列夫、索尔仁尼琴等国内外著名科学家、诗人、小说家、艺术家、政治领导人，各个时代的杰出人物都曾到国家图书馆阅览书籍。馆长扎伊采夫介绍说国家图书馆是世界上收藏俄罗斯书籍数量最多的图书馆，言谈之间似乎也透露出对国家图书馆的骄傲。扎伊采夫馆长既是科学院成员，又是圣彼得堡国立大学教授，目前还担任着俄罗斯图书馆协会会长一职。

　　1810年，俄罗斯国家图书馆获得收藏俄罗斯出版的所有书籍的权利，期间，该图书馆还通过接受捐赠、收集，保存了不计其数的个人藏书、印刷品及手抄本。

　　这里拥有3500多万本藏书，每年来访者达150多万名，拥有来自100多个国家的专家团队，是世界五大图书馆之一。

　　俄罗斯国家图书馆是俄罗斯图书馆的卓越代表，同时也是世界知名的图书馆。俄罗斯国家图书馆由主楼及其他 5 幢建筑构成。

　　女皇叶卡捷琳娜二世收集到的伏尔泰藏书至今还陈列在俄罗斯国家图书馆的"伏尔泰之家"。

俄罗斯国家图书馆拥有毋庸置疑的权威，沙皇尼古拉一世曾前来访问；公元前 10 世纪埃及的纸莎草收藏于此；彼得大帝和库图佐夫将军、罗蒙诺索夫、果戈理、柴可夫斯基等赫赫有名的人物也都在此留下签名；2003 年新馆开馆时，普京总统亲自到场，等等，这些事实都体现了该图书馆的权威和地位。1992 年，叶利钦总统下达总统令，将其改为现在的名称，并做出以下规定：俄罗斯联邦将此图书馆指定为弥足珍贵的民族遗产和民族历史文化财产。这座历史悠久的图书馆当得此殊荣！我徘徊于迷宫似的走廊里，见到众多藏书，听到众多故事，印象最深的还是关于"伏尔泰藏书"的故事。

女皇叶卡捷琳娜二世一直对伏尔泰本人及其作品青睐有加。1778 年伏尔泰 [原名弗朗索瓦 - 马利·阿鲁埃（François Marie Arouet），笔名为"伏尔泰"（Voltaire）] 去世后，女皇从伏尔泰遗孀那里把伏尔泰的藏书全部买了回来，这才使得俄罗斯国家图书馆拥有了伏尔泰藏书，得以傲视群雄。叶卡捷琳娜二世在自己的办公室旁边建造了一个图书馆，将伏尔泰藏书悉数收藏于此，之后又将它们转移到俄罗斯国家图书馆保存。2003 年是圣彼得堡诞生 300 周年纪念年，法国和俄罗斯联手合作，共同打造了"伏尔泰之家"。类似的逸闻趣事让人听来津津有味，回味无穷。伏尔泰究竟是什么人？为什么能让俄罗斯人对他如此另眼相待？伏尔泰是一位伟大的杰出人物，他不只是众多启蒙思想家中的一位，更可称得上是法国资产阶级思想启蒙运动的泰斗。

自诩为"俄罗斯启蒙君主"的叶卡捷琳娜二世当然不会"放过"伏尔泰这样的豪杰。听到他去世的消息后，她立即给负责文学事业的官员写信，下令购买伏尔泰的全部藏书。

"我会将这位伟大哲学家与我来往的所有信件都收集起来寄给你。虽然他的信函数量不少，但如果可能的话，除了我写给他的信件以外，还要将他所有的书籍及藏书都购买回来，我愿意付钱购买他的遗物。我打算建一座展览馆，专门展示伏尔泰的藏书。"

女皇叶卡捷琳娜二世是一位艺术品收集狂。她不仅与伏尔泰有书信来往，还会迅速指示下属购买藏书，从这一点来看，她深知这些不仅是肉眼可见的艺术品，更是肉眼看不见的知识文化，其价值不可估量。位于圣彼得堡的艾尔米塔什博物馆（又称冬宫博物馆）之所以能够与卢浮宫、大英博物馆并称为世界三大博物馆，主要得益于达芬奇、米开朗琪罗、鲁本斯、伦勃朗、莫奈、塞尚、凡高、高更、马蒂斯、毕加索等大师的旷世名作，而这些作品大部分都是女皇叶卡捷琳娜二世购买来的。

她不仅是对伏尔泰藏书感兴趣，甚至还计划仿照伏尔泰晚年居住的费尔内城堡打造一座一模一样的，用来展示这些藏书，甚至还下令让部下了解城堡内部图纸和装饰品等细节。然而复制城堡的梦想最终没能实现，她向伏尔泰的继承人赠予了巨额钱财和4处领地，以及众多厚礼，只是为了从继承人那里购买伏尔泰的藏书。在伏尔泰去世两个月后，叶卡捷琳娜二世派专船把伏尔泰藏书运到圣彼得堡，陈列在了冬宫内她本人办公室的附属展览室里面。

因此，伏尔泰藏书成了女皇私人书库的组成部分。据传，艾尔米塔什博物馆中的图书馆不仅是女皇最喜欢的办公室，而且还是她当时向外国使节和贵宾自豪炫耀的名胜"景点"，深以此为傲。在这里的图书馆楼上，伏尔泰藏书独占一个馆室，里面陈列着伏尔泰的青铜像、费尔内城堡及其庭院的大型模型。

叶卡捷琳娜二世本是德国一个小公国的公主，因与俄罗斯皇太子政治联姻，在丈夫当上皇帝后，她也自然成为皇后。在丈夫彼得三世继位不到一年的时候，叶卡捷琳娜二世发动政变将皇帝废黜，自己登上了女皇宝座，统治俄罗斯达34年之久。

尽管在女皇之后继位的保罗一世和亚历山大一世时期俄罗斯均发生了政变，但伏尔泰藏书仍然被完好无损地保存在艾尔米塔什博物馆里。

伏尔泰被称作法国大革命思想背后的哲学家。尼古拉一世执政时期，伏尔泰藏书被认为是危险读物，被封存起来。尼古拉一世之所以如此敏感，是因为当时俄罗斯一些青年军官受到法国大革命影响曾发动十二月党起义。俄罗斯"国民诗人"普希金却得到特许可以阅览伏尔泰藏书。此后，伏尔泰藏书也曾被收藏在艾尔米塔什博物馆的其他馆室，于1861年转送至皇室公共图书馆，即现在的俄罗斯国家图书馆。

伏尔泰藏书包括哲学、文学、法律、神学、牛顿的科学著作、医学、旅行记、地图等多种多样的文献资料。一年后（1862），国家图书馆已整理好伏尔泰的图书目录，并开始着手整理伏尔泰在页眉空白处留下的笔记，即"眉批"。直至今日，眉批在理解伏尔泰的思想方面依然具有极其重要的学术价值。伏尔泰藏书的目录于1961年出

普希金及其妻子的铜像位于莫斯科市内的普希金故居门前。在伏尔泰藏书被视为危险读物时，只有普希金得到特许，可以自由阅览伏尔泰作品。

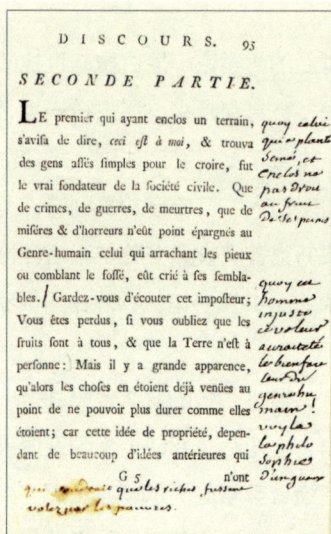

伏尔泰阅读书籍时亲笔写下的眉批。

版，至今仍在使用，共6814册。为了出版眉批汇编，图书馆特意成立了专项研究组。

伏尔泰曾在信中写道："我的习惯是在书页的空白处写上对这本书的看法。"他写下的亲笔注释、纸条、下划线、各种标示、折起页码的书页等宝贵资料，足以让后人更加深刻地理解"真正的伏尔泰"。这些注释及标识有的是他在读书时即兴写下的，有的是他经过长时间的思考而得到的"果实"，还有的是他的最终意见，这些内容全面展示了一个"赤裸裸"的伏尔泰。作家本人当时压根儿就没有考虑到这些内容会被公开审阅。

这些注释的形式和内容多种多样，其中一些是事实考察或论证性反驳，大部分都是简单易懂的争论性意见。其中大多是用一个单词来表达自己肯定或否定的意见，令人读来妙趣横生。"好""还不错""说得对""非常好"等是肯定的意见，"说得不对""错了""错误""蠢""胡言乱语"通常是他的否定意见；"生硬的文章""无法理解""不恰当的比较""怎么能用这种文体来写！"等则是他毫不留情的批判。他的注释大多是简明尖锐的。他看到不恰当的隐喻、夸张的表达、陈腐的观点、欠妥的语句，通常无法忍受，故写下个人的批评意见。

伏尔泰所标注作品的著作者包括孟德斯鸠、卢梭等伟大的作家，也有哲学家、历史学家、科学家等各领域学者的作品。伏尔泰

俄罗斯国家图书馆新馆的中央阶梯突出了建筑美学理念。

在一些作品的结尾部分会偶尔亲笔写下"落幕"两字,并写下注释:"压根儿就不该开幕!"这评论真是机智又幽默风趣。

眉批汇编的出版工作在伏尔泰在世时就已经开始筹备,然而眉批汇编全集第一卷直到 1979 年才正式出版。各国众多权威专家都参与其中。

这部著作的出版不单在法国和俄罗斯引起强烈反响,在全世界内也掀起了轩然大波。俄罗斯国家图书馆的伏尔泰团队一直到 1994 年都在对此进行继续汇编,共整理出了伏尔泰看过的 1687 本著作中的注释。该项目是俄罗斯国家图书馆与巴黎索邦出版社共同推进的,得到了牛津大学伏尔泰基金会的鼎力协助。俄罗斯国家图书馆和法国国家图书馆曾计划在 2002 年出版附带眉批的数字版本系列图书。

1994 年是伏尔泰诞生 300 周年,俄罗斯国家图书馆举办了"伏尔泰与他的斗争(牛津)""在祖国的伏尔泰(日内瓦)""伏尔泰与欧洲(巴黎)"三场国际展览,积极开展纪念伏尔泰的相关活动。法国总统希拉克于 1997 年访问俄罗斯国家图书馆时，对馆方创建"启蒙时代研究中心"的构想表示支持。馆方介绍说，俄法两国自 2001 年开始携手创建"启蒙时代研究中心"，2003 年正式完成，这对于俄罗斯国家图书馆来说，对于迎接 300 周年华诞的圣彼得堡市来说都是一份不可多得的厚礼。

俄罗斯国家图书馆引以为豪的不止于此。一间名为"浮士德剧院"的特殊馆室里保存着 1500 年前发行的书籍。

这个馆室足足收藏了 6000 多本书，弥漫着中世纪修道院图书馆的氛围。在我迈进这个馆室的瞬间，突然产生了一种穿越到中世纪的错觉。这里保存着拿破仑一世等名人的个人收藏品。从主楼出来时已过下午 4 点，迎面吹来的凉风晦暗阴冷，一下将我拉回真实的年代来，我已经结束了穿越旅行，重新回到现实生活中了啊！

我们来到 10 公里外的新馆。这是为了纪念圣彼得堡市 300 周年而建立的，于 2003 年竣工。新馆外观与主楼形成鲜明对比，它颇具现代化气息又不失精炼之美。走进新馆看到的是宽敞舒适的大厅、通透明亮的灯光、活跃开朗的气氛，还有朝气蓬勃的职员们。图书馆的主楼主要收藏稀有书籍以及古本典籍，而新馆则收藏 1950 年以后的著作，供市民借阅使用。打开新馆大门走进去，独具匠心又开阔大气的中央阶梯深深吸引了我。新馆建筑共 9 层，从 1 层到 4 层有 16 个阅览室，4 层以上是书库。国家图书馆虽然是现代图书馆，但目前还在使用卡片检索目录。

接下来讲一下与这座图书馆相关的小插曲。据说 20 世纪 90 年代中期，此地收藏的十多份珍贵历史资料意外失窃，警方经过 3 年追踪终于逮捕了罪犯，并在以色列追回了被盗资料。由此可以看出俄罗斯人对藏书的狂热执念非同一般。俄罗斯人民这种锲而不舍的国民精神也着实让人羡慕。

为纪念圣彼得堡建市 300 周年于 2003 年竣工的俄罗斯国家图书馆新馆。

新馆阅览室里通宵学习的学生和市民。

在俄罗斯图书馆里邂逅伏尔泰和普希金

启蒙思想泰斗——伏尔泰

伏尔泰是 18 世纪法国最具代表性的启蒙思想家和哲学家。他追求信仰和言论自由，重视理性主义的自然法论，立足于纯粹的道德伦理和合理性，大力倡导社会改革。他传播的先进思想和思维方式成为法国大革命的思想基石。

《哲学通信》一书以书信的形式介绍了伏尔泰在英国旅行时体验到的政治、经济、宗教领域的自由主义。当时英国较法国更为发达，受英国自由主义的影响，他开始强烈批判法国社会，之后被驱逐出境。就像大多数被驱逐出境的先进分子一样，他也受到了邻国普鲁士国王腓特烈大帝的邀请，前往避难，后来又与之闹翻。在其 64 岁时（1758），他在瑞士边境的费尔内安顿下来。伏尔泰不光是哲学家，也是罕见的理财高手，所以一直过着比较富裕的生活。然而费尔内依旧不是他的安静栖息之所，他所到之处，人们总是闻讯蜂拥而至。有人说"有伏尔泰的地方就是欧洲的精神之都"，还有人说"意大利有文艺复兴，法国有伏尔泰"。伏尔泰在法国乃至整个欧洲的影响力由此可见一斑。

俄罗斯的国民诗人——普希金

在伏尔泰的藏书被禁时期，唯一能够阅览其藏书的诗人就是普希金。"普希金是我们的一切"这句话准确诠释了俄罗斯人对他的爱戴之情。在世界文豪和艺术家云集的俄罗斯，普希金备受推崇，他是陀思妥耶夫斯基、托尔斯泰之前的一代伟大作家。其妻子普希金娜是一位绝色美人，普希金与觊觎爱妻的法国亡命贵族丹特士展开决斗，不幸受伤，38岁便英年早逝。也有人说，这场决斗是统治者因憎恨他的进步思想而设下的陷阱。

俄国政府在 1880 年第一次树立起了普希金铜像，揭幕仪式上，陀思妥耶夫斯基在致辞中说道："普希金文学世界的本质在于其普遍性，包容一切的普遍性。"这可以说是向普希金献上了最崇高的赞词。俄罗斯境内铜像最多的文学家当属普希金了。他也是小学、初中、高中教科书中收录作品最多的一位国民诗人。

他曾因写了一首颂扬自由的诗而被流放，也曾因与反帝派十二月党人交好而成为尼古拉一世的眼中钉。尽管如此，他依然得到特许得以阅览伏尔泰藏书。1899 年，其 100 周年诞辰纪念仪式和 1937 年斯大林主导的逝世 100 周年纪念仪式，都是将普希金推向神化的重要一笔。

没有书籍的图书馆
叶利钦总统图书馆

  在圣彼得堡与李锡培总领事交谈时，我意外得知了一个消息：几个月前他在报纸上看到了叶利钦总统图书馆（Boris Yeltsin Presidential Library）开馆的新闻。听到这里，我一下子竖起了耳朵。据我所知，实际上只有美国设有总统图书馆，此外，还有效仿美国的金大中图书馆。俄罗斯也出现了总统图书馆？这勾起了我的好奇心。究竟是出于何种目的而建造的总统图书馆，又是如何建造的呢？我随即向李锡培领事请求，协助我访问该图书馆。领事回答道："俄罗斯和韩国不同，如果现在提出访问申请，不确定能否顺利成行。"我当即表态：即使牺牲其他日程也一定要去！我再次恳请李领事促成此事。最终，在离开圣彼得堡前夕，我来到了叶利钦总统图书馆。

  圣彼得堡市中心圣以撒教堂后面有一个十二月党人广场，叶利钦总统图书馆就静立在广场旁边。选址意义不凡，建筑外观也美得让人一见钟情。据说这里原来的建筑建于1829—1835年，是宗教教会召开会议的地方，现在的图书馆是在原建筑的基础上复原而成的。

  这是一座没有实体书籍的现代电子图书馆。俄罗斯发行的所有书籍和期刊、珍本和原稿都以数字化的形式呈现。原件由历史记录保管所、联邦国家记录保管所、国立图书馆（列宁图书馆）、国家图书馆（圣彼得堡国家图书馆）、地区图书馆等大型图书馆提供。

  这里与俄罗斯所有的国立图书馆、公立图书馆、大学图书馆、各种文件保管所无缝衔接，是图书馆的中心枢纽，也是图书馆信息集结地。它不仅是一个图书馆，而且也是一个具备门户网站功能的

俄罗斯最具代表性的现代图书馆——叶利钦总统图书馆，以俄罗斯联邦首任总统叶利钦名字命名。这座建筑是19世纪俄罗斯东正教教会的复原建筑，俄罗斯联邦宪法法院也位于其中。

叶利钦总统图书馆的豪华内景。

国家信息中心。总而言之，相比一些西方发达国家，俄罗斯图书馆的现代化进程还稍稍滞后，这座图书馆可以说是反映了国家发展现代化图书馆的坚定决心和强烈意志。说它是图书馆现代化促进委员会总部也不为过。

叶利钦总统图书馆是为加强各公共机关之间的密切交流与合作而建的，其功能主要包括：研究如何尊重国家和历史、如何做好政府对外宣传等问题。随着网络延伸至各地分馆，图书馆门户网站成为全国图书馆系统的连接纽带。该图书馆提供的电子图书可供所有城市、乡村、学校和家庭使用。换言之，这里就是一座随时随地都可以查询信息、无处不在的移动图书馆。

走进设有 60 个阅览座位的电子阅览室，可以看到许多正在查阅高清音频和视频等各类电子文件的读者。据说，这里是当地图书馆里最受欢迎的地方。多媒体中心布置得非常现代化，可以用于授课、开展研讨会、讨论会、国际会议；大型会议室内部的大理石支柱设

电子图书馆恰如其名，这里没有任何实体书籍。图为最受读者欢迎的电子阅览室。

计显得富丽堂皇、格调高雅。

图书馆内设置教堂的情况比较少见，但考虑到这里过去曾是宗教教会，也就是俄罗斯东正教会协会的建筑，也就觉得理所当然了。教堂内部优雅华丽，却又不失庄严肃穆，完美地再现了19世纪教会的面貌。另有一间馆室特意重现了俄罗斯东正教会大主教和十二司祭举行会议的场景。该馆室墙上悬挂着彼得大帝的肖像画（彼得大帝为削弱教会势力曾经废除大主教，并设置神圣宗务院加以管理），天花板的设计尤其精美、独具一格，至今该馆室仍作为司祭举行会议的场所。

以总统名字命名的图书馆里，纪念总统的地方只有一个空间不大的"宪法室"。

这个馆室内展示着各种稀有珍贵的图书以及与俄罗斯领土相关的各类地图。走进"宪法室"，正面悬挂俄罗斯国徽，上面绘有金色双头鹰图案；下面摆放着一本红色封面的俄罗斯宪法，更凸显出

（左）图书馆内重现了俄罗斯东正教会大主教和十二司祭召开会议的场景。
（右）宪法室陈列着俄罗斯宪法。

宪法的威严与权威。

　　这座图书馆的馆长维尔什宁也毕业于圣彼得堡国立大学，曾担任法学院教授，后被任命为图书馆馆长。我们一行人到馆长室拜访时，维尔什宁馆长非常热情地接待了我们。他乍一看比较冷漠，实则是个热情友好、活力四射的人。我们开怀畅谈，无拘无束。他冷不丁突然问起了我的专业，我回答说是哲学，然后我又谈起在柏林洪堡大学的所见所闻。我说："大学时代，我把马克思《关于费尔巴哈的提纲》的最后一段话贴在书桌前方，将其背诵下来作为自己人生的座右铭。"维尔什宁馆长听到这里突然眼前一亮，言谈举止也更加热情了。我为了赶下个行程起身想要告辞，馆长则表示想要再一起合张影，于是带我到办公室里的沙发上与我并排坐下。就这样，我们拍下了最后一张合影。亲切道别过后，我们走出了图书馆。

俄罗斯灵魂长眠之地
俄罗斯国立图书馆

　　俄罗斯国立图书馆（Russian State Library，又名"列宁图书馆"）是继美国议会图书馆之后的世界第二大图书馆，蕴含着俄罗斯悠久独特的历史和文化。苏联过去曾是世界超级大国，纵横四海。在那个时代，俄罗斯扮演了知识武器库的角色。直至今日，我们也不能否认俄罗斯国立图书馆就是俄罗斯精神的动力源泉。俄罗斯国立图书馆坐落于莫斯科克里姆林宫前方。在我看来，这样的布局，体现了国家对知识信息的重视和当权者的智慧。

　　俄罗斯国立图书馆位于莫斯科中心，图书馆前面立有陀思妥耶夫斯基石像。

清早，我比约定的时间提前 30 分钟来到图书馆门前。图书馆与著名的莫斯科红场入口相对而立，再次印证了它非同寻常。我提前来到这里，就是为了观察图书馆的前后左右各个方位，这也是我的独门绝学——"图书馆地理风水学"。地理位置是评价图书馆的一项非常重要因素。这里四条地铁线路交叉而过。如此便利的交通条件成功拉近了市民与图书馆之间的距离。

　　位于馆前的是一尊陀思妥耶夫斯基的黑色石像，让我的心顿时悸动起来。他不是坐在椅子上，而是坐在铜像底座上的，他左手触摸底座，右手放在大腿上。陀思妥耶夫斯基为什么是一副独自负重前行、满面愁容的表情呢？他在想什么？他眼睛审视的下方又看到了什么？两只鸽子似乎看不透他的苦恼，漠不关心地站在雕像的头上、肩膀上，整体构图看起来十分微妙。1997 年是莫斯科建城 850 周年，这座石像就是在那一年建成的。

　　在我观摩这座石像的时候，一位和蔼可亲的老奶奶来到门外接

漠不关心的鸽子和满是愁思的陀思妥耶夫斯基形成了鲜明对比。

我们，原来这位老奶奶是图书馆国际交流科的科长。走进馆长室，比斯尔馆长夸张地张开双臂同我们拥抱，好像迎接久别重逢的老友一般，紧紧握住了我的手。我明白这是他真心欢迎我们到访的表现，探访的第一步非常顺利。在互相问候并决定今后要开展合作之后，我提出了第一个问题。

"俄罗斯有托尔斯泰、普希金等众多世界著名的文学巨匠，为什么国立图书馆门前会选择设立陀思妥耶夫斯基的石像呢？"

"事实上从众多的文学巨匠中选出其中一位是非常困难的。60年前设计图书馆时，原本计划制作工人、农民、军人等群体纪念碑，但由于费用太高而最终放弃了这个想法。从托尔斯泰、陀思妥耶夫斯基、普希金等大文豪当中选择，确实非常困难。当时石像建造是由莫斯科市负责的，市政厅选定了人物，我们不清楚确切理由到底是什么。"

在这里，我们有必要暂时回顾一下 19 世纪俄罗斯的文学双璧——托尔斯泰和陀思妥耶夫斯基。陀思妥耶夫斯基较托尔斯泰早 7 年出生。两人虽然生活在同一时代，但从未谋面。只留下一个关于二人的传闻：陀思妥耶夫斯基死后，托尔斯泰在某个地方阅读了陀思妥耶夫斯基的著作《卡拉马佐夫兄弟》。

我之前在某处的短暂采访中了解到一些相关信息，借此机会，我特意与馆长进行了探讨。讨论的结果用一句话来总结，就是最能代表俄罗斯民族灵魂的作家就是陀思妥耶夫斯基。

然而圣彼得堡方面对国立图书馆设置陀思妥耶夫斯基石像的事情有着自己不同的看法。虽说陀思妥耶夫斯基出生于莫斯科，但从大学时期开始，他就一直在圣彼得堡生活，作品也都是以圣彼得堡为背景而创作的。很多人到现在都以为陀思妥耶夫斯基是圣彼得堡人，国立图书馆的立像是不是也有点"明争暗抢"的嫌疑呢？圣彼得堡方面对此嗤之以鼻。

莫斯科与圣彼得堡是现首都与前首都的关系，这一问题向来比较敏感。来到俄罗斯之前我就很好奇，于是向馆长请教："这里是'国立图书馆'，圣彼得堡的图书馆是'国家图书馆'，这两座图书馆有差异吗？"馆长回答道："只是名称不同，两者同样具备不容置疑的权威。圣彼得堡的国家图书馆历史更加悠久，而这里的国立图书馆规模更加宏大。"

　　见馆长对敏感问题也能坦诚作答，我进一步追问道："这个图书馆相较于世界上其他图书馆有什么长处？"这次馆长的回答较前几个回答都要长一些："我认为俄罗斯国立图书馆是世界上最大的图书馆。当然，美国国会图书馆（LC）不会同意这个说法，美国国会图书馆藏书最多，主要收藏的是英语书籍，因为使用英语的国家人口众多，所以藏书数量也多。另外，美国国会图书馆位于人口密度较低的华盛顿，他们的借阅者也并不多，而我们的图书馆日均访问人数超过 4000 人次，还收藏有许多其他图书馆没有的珍贵古籍。"馆长表达了他个人认为合理的逻辑和理由。

　　离开馆长室，我来到了中央阅览室。宽敞的大厅中央矗立着一座列宁铜像。这座铜像建于 1970 年，是为纪念列宁 100 周年诞辰而建。他表情严肃，俯瞰着阅览室里的读者。列宁铜像后面的壁画上画的是工人、农民等从事各种职业的人民群众。大厅周围立有 16 个白色半身人像，他们是契诃夫、普希金、高尔基、陀思妥耶夫斯基、托尔斯泰等俄罗斯引以为傲的文豪。

　　列宁去世后，自 1925 年起，该图书馆开始使用"苏联国立列宁图书馆"一称；1992 年苏联解体后，根据叶利钦总统的总统令，将其更名为"俄罗斯国立图书馆"。不过，俄罗斯人民依旧习惯称它为"列宁图书馆"，图书馆外墙的招牌也依然如旧，同时还保留了列宁铜像。圣彼得堡的政治史博物馆也建在了列宁十月革命时期居住过的地方，将列宁的办公室完美复原，来纪念这位伟大的革命家。

俄罗斯国立图书馆中央阅览室规模宏大，代表了俄罗斯图书馆的典型风范。这里的访问者日均超 4000 人次。

列宁铜像位于中央阅览室正前方。

苏联解体后，列宁的铜像和肖像画仍然陈列在俄罗斯辽阔的土地上。

国立图书馆馆藏丰富，包括大量珍贵资料，因此其自豪感不说自明。在此处，我们有幸能够探访图书馆内的珍本博物馆。见图书馆门口有个身着警服的人把守，我便询问了图书馆职员，职员介绍说这位是国家警察厅下属文化遗产负责部门派来的警察。珍本馆内灯光昏暗，让人觉得恍惚。图书馆职员解释说，这里只展示了一部分稀有珍本。我一本一本翻阅，难以抑制内心的激动。威廉·华兹华斯曾说道："每当我仰望天空的彩虹，我的心就会剧烈地跳动。"于我而言，每当看到过去的珍贵资料，我的心就会剧烈地跳动。

首先我们可以看到俄罗斯书籍的发展史、装订术变迁史、插画历史、印刷术发展史介绍及各类实物展品。我边看边推测展台上的彩色插图是画在羊皮纸上的，职员说上面所展示的是用牛皮制作而成的。羊皮纸我见过，牛皮纸还是第一次见。此外，这里还有用丝绸制作的书籍和报纸。据说，丝绸书籍如有污物，洗净之后依然可以阅读。图书馆里还展示着很多以古版书为代表的、不知为何物的书籍。镶满宝石装饰物的《圣经》是皇族或贵族的收藏品，他们希望这本华丽的《圣经》能成为自己通往天堂的入场券。这里还陈列着亚历山大二世和亚历山大三世各自收藏的书籍，为防止被盗，图书馆用铁链等保护措施将其锁在展柜中了。

在圣彼得堡和莫斯科，无论走到哪里，都会偶遇彼得大帝。在这座图书馆里也毫不例外。1708 年俄国所使用的斯拉夫文字十分繁杂，彼得大帝推行文字改革予以简化，方便普通国民推广使用。他推行文字改革，引进了

使用牛皮纸制作的书籍。

现代俄语。这类似于朝鲜世宗大王创制朝鲜民族文字。在这里陈列的是彼得大帝在文字改革时期亲自编写的书籍；他还引入了阿拉伯数字简化计数方法；此外，还有彼得大帝下令发行的俄罗斯第一份报纸《公报（1702）》。

此次访问俄罗斯图书馆的最大意义在于我能够一睹世界著名作品的初版并拍照留念，这些作品曾经改变人类历史，或者对人类发展产生过巨大影响。我永远也不会忘记当我看到那些不朽名著时内心涌起的感动。这些作品有：卢梭的《爱弥儿》（1762）、达尔文的《物种起源》（1859）、雨果的《悲惨世界》（1862）、马克思的《资本论》（1867）、

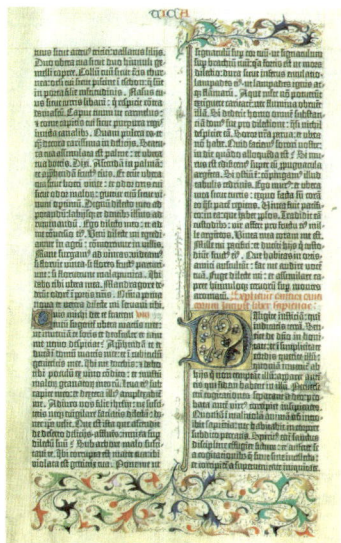

《古腾堡圣经》。1455 年在德国美因茨印刷的拉丁语圣经，每页 42 行，又称"四十二行圣经"。当时《圣经》是神职者和贵族的专有物品，《古腾堡圣经》对圣经大众化普及做出了巨大贡献。《古腾堡圣经》十分珍稀罕见，是否收藏有《古腾堡圣经》的印刷本成为评价世界图书馆的一个重要指标。

托尔斯泰的《战争与和平》（1869）、恩格斯的《家庭、私有制和国家的起源》（1884）、列宁的《俄国资本主义的发展》（1899），等等，我想光听到这些书名就足以令人心潮澎湃了。

我想到这些书籍对人类产生的深远影响，立刻肃然起敬。或许作者本人在出版当时完全想不到，自己的著作有朝一日会拥有全球几十亿读者，还会引发争论，更想不到自己会对后世产生如此巨大的影响。

另一个有趣的典故关于陀思妥耶夫斯基和《马太福音》。陀思妥耶夫斯基有一本《新约圣经》，他终生都带在身边，如今陈列在

该图书馆内。这本《新约圣经》摆放在展台上，扉页呈翻开状态，上端空白处用铅笔写的注释颇为引人注目。这是陀思妥耶夫斯基第二任妻子安娜·斯尼特金娜在 1881 年为他送终的时候亲笔写下的一句话，内容是："在他去世前的那天下午 3 点，他要求我将这些文句念给他听。"这让人似懂非懂的文字里到底隐含着怎样的故事呢？我们先来了解一下他和安娜的婚姻。

陀思妥耶夫斯基虽被誉为"大文豪"，但他一生都嗜赌如命，又铺张浪费，因此常年负债。在被流放西伯利亚回来后，他依旧沉迷于赌博。哥哥去世后，他背负了哥哥留下的债务，还要照顾哥哥一家人的生计，当时已经沦落到被高利贷四处催债的窘迫境地。他不得已在 1866 年与出版社签订了不公平、不合理的合同，如果不尽快出版新作，他将向出版社支付违约金，而且所有作品的版权也将被夺走。走投无路的他经朋友介绍，雇用了一名女速记员，由他口述、速记员听写执笔，只用了一个月时间就完成了中篇小说《赌徒》。

俄罗斯国立图书馆收藏的名著初版印刷本。自左上角开始以顺时针方向依次为《爱弥儿》《资本论》《物种起源》《悲惨世界》。这些名著都曾改写人类历史。

随后，陀思妥耶夫斯基与那名速记员在第二年结了婚，女速记员就是安娜，她成了陀思妥耶夫斯基的第二任妻子。那时他46岁，安娜21岁，二人相差25岁。安娜原本也是陀思妥耶夫斯基的忠实粉丝。他的第一位太太之前已经病故。

安娜在晚年把与丈夫的回忆写成回忆录保留了下来，下面一段话很生动地说明了她为陀思妥耶夫斯基执笔时的情况："因负债累累不得已赶稿写小说，又没有充足的时间构思和推敲小说。"

当时他们赶稿子的情况通常是：小说的前三章已经出版，第四章正在排版，第五章刚寄出去，第六章正在执笔，剩下的部分还没有构思出来，他们那个时期的稿子大部分都是以这种方式进行的。

安娜年纪虽小，但性格沉稳，而且是个思维清晰、明辨事理的女人。她承担起家庭生计，与债主周旋，在丈夫去世之前的14年间，她让陀思妥耶夫斯基过上了安定的生活。陀思妥耶夫斯基对安娜的评价是：她是唯一能理解我的女人。

伟大的文学巨匠在其波澜壮阔的人生走向终点时，拜托妻子朗

陀思妥耶夫斯基去世当天，请夫人朗读的《新约圣经》中的一卷《马太福音》第三章（右）。带着花边装饰的书签上绣着他名字的首字母 "D"（左）。以上文物陈列于展览室内。

读的是《新约圣经》中的哪部分内容呢？展柜里翻开的部分是《马太福音》第三章第14—17节，接着是第四章的开头。他听到的到底是什么内容呢？安娜在回忆录中记述的内容出乎所有人的意料。

当他经常陷入沉思或产生疑问时，他总会随意翻开《新约圣经》，不管翻到哪里，总会阅读面前一页的左上角部分。

也就是说，我们刚才好奇的页面不是他特意选出来的，而是随意翻开的。从这一点来看，陀思妥耶夫斯基的一生确实是"不疯魔，不成活"，但他也确实是个天才。

陀思妥耶夫斯基在去世那天也随意翻开了《新约圣经》，这一页讲的是耶稣为了接受洗礼而接近约翰，安娜应丈夫的请求为他阅读了这一部分。这位伟大的小说家留给妻子的最后一句话不是虚构小说，而是纪实文学："记住，安娜，我永远都爱你。即使在梦里，我也不会背叛你。"

陀思妥耶夫斯基代表了俄罗斯的灵魂，他和安娜的爱情故事离不开《新约圣经》，在翻阅这本《新约圣经》的过程中，我脑海中浮现出图书馆门前那座雕塑——苦恼的陀思妥耶夫斯基。

走出珍本博物馆，我一步三回头地舍不得离去。现在即将走访的是俄罗斯国立图书馆的旧馆帕什科夫穹顶。主楼后面有一座19层楼高的书库，沿着书库旁边走一小段路程，便能看到一座优雅似皇家宫殿的建筑。这座古典主义建筑是俄罗斯国家文化遗产，曾于2007年修复，目前仍作为图书馆使用。馆内主要收藏了年代久远的手抄本、古代地图、乐谱等资料，还保存了果戈理、契诃夫、托尔斯泰、陀思妥耶夫斯基的手稿。

二层大厅主要用于举办音乐会、展示会、勋章授予仪式等重要活动，看上去既优雅又宽敞，不失气派，最重要的是窗外的景色也格外迷人。透过窗户向外望去，一眼就可以看到克里姆林宫，总统出行的西门尽收眼底。不知道是不是正好来了一位大人物，我恰好看到警察在这一带管制交通。据说拿破仑在 1812 年占领克里姆林宫时，这座建筑也遭到了洗劫。

俄罗斯国立图书馆的起源与曾任俄罗斯外长的鲁缅采夫伯爵颇有渊源。伯爵一生都在收集古籍，1814 年退休后开始刻苦学习俄罗斯历史，结交了很多家境富裕的名人志士以及启蒙主义者。他们成立了"鲁缅采夫研究小组"，负责收集古代手抄本、初版印刷本和各种出版读物。他们共收藏了 28000 多件图书、绘画、雕刻、考古资料、矿物和植物搜集册，梦想以此建立民族博物馆。在鲁缅采夫去世前，他嘱托弟弟将自己的收藏品用于国家建设上。弟弟写信给当时的皇帝尼古拉一世，转达了鲁缅采夫的意愿，皇帝遂下令将位于圣彼得堡的鲁缅采夫故居命名为"鲁缅采夫博物馆"。

1828 年 3 月 22 日，俄皇下达命令，将这一天定为国立图书馆开馆日。1845 年，国立图书馆（即鲁缅采夫博物馆）改名为"圣彼得堡公共图书馆"。

1862 年，鲁缅采夫博物馆迁到莫斯科，为纪念俄罗斯建国千年，作为该博物馆一部分的莫斯科第一所免费公共图书馆开放，在该图书馆的现存旧馆里隆重举办了莫斯科公共图书馆以及鲁缅采夫博物馆的开馆仪式。也有人将这一年定为俄罗斯国立图书馆的建馆时间。从这个节点开始，俄罗斯国立图书馆正式开启了莫斯科时代。亚历山大二世下令：俄罗斯出版的所有书籍报刊都应免费提供一本到国立图书馆存档。当时只有圣彼得堡的科学院图书馆和皇室图书馆拥有这项权利。

对于第一座莫斯科公共图书馆的到来，莫斯科市民表现出极大的热情。市民竞相拿出自己珍藏的书籍和收藏品捐献给图书馆，迄今为止，该图书馆一直深受市民喜爱。亚历山大二世捐赠了伊万诺夫的名画《基督现身人间》（现收藏于特列季亚科夫画廊）；尼古拉一世的皇后也捐赠了自己的部分收藏品；托尔斯泰夫人捐赠了一个白桦木箱子，里面装有丈夫的手抄本和日记。托尔斯泰曾在 40 多年间多次到这里借阅图书，在这里收集了其写作《战争与和平》所需的资料。据说，他是为数不多的能将书从这里借回家的人。

在俄国十月革命后，俄罗斯国立博物馆向国有化区域、遗弃区域、封闭的教会和学校等地派遣职员，收集了大量珍贵藏书和资料。俄国十月革命和 1918 年迁都莫斯科使得国立图书馆一跃成为俄国首屈一指的图书馆。1919 年列宁下达了庭院面积增容的许可令，图书馆占地面积得以大幅增加。在列宁去世后的 1925 年，该图书馆改为"苏联列宁国立图书馆"，从此，图书馆一切财政和藏书相关业务均开始归政府管辖。

"二战"时期，国立图书馆是唯一一座没有撤出莫斯科，且持续对外开放的学术图书馆。1941 年德军打进莫斯科时，图书馆也是照常对外开放。馆藏 70 多万本珍贵书籍被转移到其他地区，直到 1944 年才被运回原处。这座图书馆在战争期间的赫赫功勋得到各方

俄罗斯国立图书馆蕴含着这个国家的悠久历史和深厚文化，彰显了俄罗斯的民族自尊心。旧馆外观优雅大气。

的一致认可，在1945年战争结束前的40天，政府授予其最高勋章——列宁勋章，这是至高无上的荣耀。

目前，俄罗斯国立图书馆收藏着世界249种语言的4300多万件资料。现如今的建筑是在1927年动工，经战争洗礼，直到1960年才竣工的，由6幢大楼共同组成。

我们用了4个多小时马不停蹄地仔细参观了这座图书馆，汲取其深厚的历史文化底蕴，但依旧留有很多遗憾。我从门里走出来，又回头仔细端详了图书馆建筑的外观。阿基米德、哥白尼、伽利略、牛顿、达尔文、门捷列夫、巴甫洛夫、罗蒙诺索夫等科学伟人的青铜雕像巍然镶嵌在外墙中部的窗户之间。

屋顶外边缘矗立着诸多白色立式人物雕像，有工人、农民、知识分子、学生等各种职业群体的劳动者，寓意着俄罗斯国立图书馆是"所有人民的图书馆"。人物雕像站在蔚蓝的天空下不屈不挠、坚毅挺拔。

图书馆外墙上悬挂着科学伟人们的青铜浮雕像。

俄罗斯的大文豪
——陀思妥耶夫斯基和托尔斯泰

探索人类存在本源的陀思妥耶夫斯基

陀思妥耶夫斯基（Fyodor Dostoevskii）在城市中长大，是贫民救济医院医生的儿子。他以自己独特的视角探索人类的内心世界，思考时代的矛盾关系，并且以此为基础写出了一部部发人深省的文学作品。在他 28 岁那年，沙皇因忌惮革命思想的蓬勃发展而发动了"彼得拉舍夫斯基事件"，陀思妥耶夫斯基也被牵连其中，被判处死刑。最终他获得特赦，死刑改为流放西伯利亚，10 年之后方得自由。《罪与罚》是他后期作品的杰出代表，深刻反映了政治、社会、思想等方面的问题，揭示了人类存在的根本问题，对 20 世纪的小说产生了深远影响。不同时代、不同个体对他的评价多为两个极端，有人称他为"人道主义传播者""探究灵魂深处的天才"，甚至还有人认为他是存在主义的创始人。他的作品涉及神与人类的关系、人类的原罪等问题。从这个层面来看，他不是一位单纯的作家，他还是心理学家、宗教学者和哲学家。

人道主义哲学家——托尔斯泰

托尔斯泰（Lev Tolstoi）是伯爵之后，出身名门，而他却放弃了贵族特权，释放了家族里的农奴，在家乡创办农民学校，为贫苦农民的子女提供教育。他通过《傻瓜伊万》《人靠什么活着》等小说，批判了贵族阶层与穷苦民众之间贫富差距巨大的社会现实，因此导致贵族对他深恶痛绝。他的《忏悔录》因贵族阶层施压而被禁止出版，其手抄本在俄罗斯民众中广为流传；后来该书在海外得以出版，一度成为畅销书。他批评俄罗斯东正教会不顾民众疾苦而被逐出教会、剥夺信徒身份。他亲身实践《圣经》中关于爱穷人就是爱基督的教诲，否定私有财产，甚至放弃了作品著作权，经常与妻子因此而发生冲突。他82岁时踏上流浪之路，20多天后孤独地客死他乡。

国立图书馆前设立陀思妥耶夫斯基石像的理由

俄罗斯文学的两位巨匠——陀思妥耶夫斯基和托尔斯泰在人生和文学上的道路截然相反。托尔斯泰出身于名门贵族，是拥有"亚斯纳亚-博利尔纳"领地的大地主，但陀思妥耶夫斯基出身于穷困潦倒的乡村贵族，毕业于工兵学校。如果说托尔斯泰是赞美自然世界，追求俄罗斯大地和历史的合一，那么陀思妥耶夫斯基则是致力于描写圣彼得堡这座近代城市中的各种病态产物。

一如托尔斯泰写的长篇历史小说《战争与和平》是从宏观角度

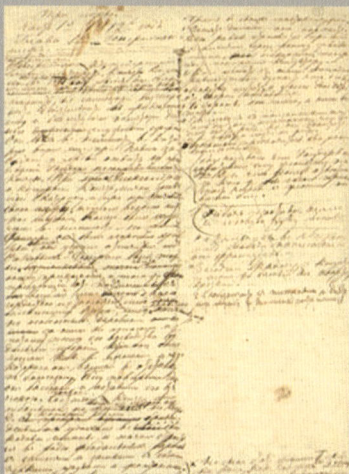
托尔斯泰长篇小说《战争与和平》的亲笔手稿。

来解读人类命运和历史的；写出了《罪与罚》《白痴》《卡拉马佐夫兄弟》等作品的陀思妥耶夫斯基，是以微观视角来解读善、恶、自由的。托尔斯泰着重追求平凡、日常、健康的素材，而陀思妥耶夫斯基则苦心寻找脱离日常生活轨道的反常、病态题材。

托尔斯泰的大部分小说中都具有绝对权威的人物登场，他想把自己代入这个人物中，以此宣扬自己的思想和理念。与此相反，在陀思妥耶夫斯基的小说中并没有绝对突出的人物，而是塑造了一批具有独特自身价值和个性色彩的人物形象，通过这些人物形象来呼吁读者倾听来自社会各阶层的不同声音。从这一点看，他的小说更具多面性和多元性。托尔斯泰描绘出"封闭"的独白世界，陀思妥耶夫斯基描绘出"开放"的对话世界。从文艺美学方面来看，人们对陀思妥耶夫斯基的评价高于托尔斯泰的根本原因也在于此。

后世的许多作家都追随陀思妥耶夫斯基的步伐，至今仍有很多俄罗斯人非常敬爱他。

现如今人们追崇陀思妥耶夫斯基胜过托尔斯泰，就是因为大家认为：陀思妥耶夫斯基所描绘的小说人物完美诠释了俄罗斯人神秘而又矛盾的灵魂。陀思妥耶夫斯基笔下写出了许多生动的主人公形象，《罪与罚》中试图超越善恶分界线的拉斯柯尔尼科夫、圣洁的妓女索尼娅、为"如果没有上帝，那么一切都将被宽恕"这个命题而烦恼的伊万·卡拉马佐夫，等等，如果没有这些人物，很难想象俄罗斯和俄罗斯文学会是怎样一幅景象。

莫斯科的俄罗斯国立图书馆被誉为"俄罗斯的精神宝库",门前之所以选择设立陀思妥耶夫斯基的石像,其象征意义也就不言而喻了。

图为陀思妥耶夫斯基《卡拉马佐夫兄弟》的亲笔手稿。由于急着赶稿,所以笔迹十分晦涩难懂。

斯大林留下的杰作
莫斯科国立大学学术图书馆

　　莫斯科国立大学通常被简称为 MGU。大学宣传手册的开头这样介绍：莫斯科国立大学是俄罗斯最早创办的综合大学，也是莫斯科最大的综合大学。在与圣彼得堡国立大学的较量中，"最早"这个头衔是绝不可让步的。还没走到大学门口，高耸入云的主楼便早已遥遥可见，这就是鼎鼎大名的"世界最高大学建筑"。这座建筑是斯大林留下的杰作。据悉，从韩国来这里参观学习的建筑系教授在目睹其主楼雄姿后这样评价道："这可真是空前绝后啊！优秀的建筑设计比比皆是，但是只有这座建筑可称得上是空前绝后！后世很难再创造出这样的作品了！"对于建筑外行的我来说，"空前绝后"似乎是对这座建筑最精确的表达了。

　　伟大的建筑通常是绝对集权的产物。金字塔、万里长城、罗马斗兽场、凯旋门等都印证了这一事实。莫斯科国立大学是莫斯科市内 7 座斯大林式建筑中的最典型代表。据传，斯大林对建筑的喜好一如他本人的性格，他不喜欢华丽的建筑风格，而是偏好单纯、简洁、牢固、雄伟的风格，他喜欢耸入云霄的尖顶形状，由此才诞生了这般雄伟壮丽的建筑物。莫斯科的 7 个建筑作品只是大小不一，形状几乎完全相同，同时都是面向克里姆林宫而建。7 座建筑高高耸起的中心尖顶部位好像要展翅高飞一样。莫斯科国立大学占据最中心的位置，建筑规模也是最大的。

　　该建筑高 183 米，共 36 层，尖塔高 57 米，合计总高度为 240 米，象征社会主义思想的星星装饰物直径长达 9 米，重 12 吨。据说当它

莫斯科国立大学主楼全景。优秀的建筑设计比比皆是，但是像这般雄伟壮丽的建筑并不多见。

（左）大礼堂美丽的剪影。这里是外国国家元首演讲的场所。
（右）莫斯科国立大学学术图书馆阅览室。

与阳光正面相对时，即使在很远处也能看见它在闪闪发光。

　　1980年莫斯科奥运会的标志就是以莫斯科大学主楼为脚本设计的，可见它在俄罗斯人心中占据着举足轻重的位置。

　　莫斯科多为平地，而莫斯科大学拥有莫斯科海拔最高的"麻雀山"（也称为"列宁山"，海拔高194米）。在海拔194米的地方建校，就相当于建在了最佳的风水宝地上，难能可贵。登上山坡，可以俯瞰莫斯科全景与蜿蜒流淌的莫斯科河。

　　沿着林荫道可以从主楼前的大学广场走到麻雀山瞭望台，林荫道旁的喷泉间隙树立着茹科夫斯基、门捷列夫、罗蒙诺索夫、巴甫洛夫等12位大学者的半身像，又名"学者林荫道"。

　　主楼内部除了有文具店、书店、小卖店、食堂之外，还有超市、剧场舞台等，一应俱全，洋洋大观。在这里，不需要外出就可以解决所有需求，像一座微型城市。其内部各处设计相仿，楼梯较多，走在里面像走迷宫一样。据说大一新生经常会在这里迷路。

主楼内有一个大礼堂，这里同时也是外国国家元首或知名人士进行重大演讲的地方。莫斯科国立大学有 36000 名本科生、4000 名研究生、10000 名预科生、4000 名教授、5000 名研究员、39 个院系、300 多个专业，在乌克兰等地设有 6 所分校——不可不谓规模庞大。

我们现在来讲讲图书馆的故事吧。莫斯科国立大学学术图书馆分散在 16 个院系，其中最核心——也是最重要的是新建的基础图书馆。基础图书馆与大学主楼之间隔路而建，由地下通道将其二者连为一体。呈现在我眼前的这座气势恢宏的基础图书馆建筑是为迎接 2005 年建校 250 周年、由莫斯科市政府主持建造的。基础图书馆拥有 1000 万册藏书，规模宏大，令本校学子们颇为自豪。

基础图书馆有 65000 名会员，700 名员工，60 个阅览室可以同时容纳 3300 人阅读，与 900 多个国内外机构建立了合作关系。原则上是可以免费使用的，外国人需要收取少许费用。

俄罗斯的图书馆有个不同于其他国家图书馆的特别之处。俄罗斯大学生从来不买教科书，都是从图书馆借书学习，等学期结束后再归还到图书馆。

莫斯科国立大学的学生也不例外，他们也要从大学图书馆借教材使用。他们在需要自习或借阅其他图书时，一般不会选择本校图书馆，而是去俄罗斯国立图书馆或社会科学研究所图书馆。因此，这里的主楼里设有几个专门借阅教材的窗口。除了教材外，大部分书籍都被转移到对面新建成的基础图书馆去了。不知道是不是这个原因，我们去访问的时候感觉这里冷冷清清的。

这座学术图书馆的新馆也如大学主楼一般结实坚固，外观呈四角形状，可能是为了与对面的主楼建筑风格协调才这样设计的。新馆里的米色高级大理石隐隐约约散发出低调的光泽感，营造了一种舒适优雅的氛围。这里还有专门的校史展览馆。当年，这所学校的艺术学院创始人施瓦洛夫伯爵将罗蒙诺索夫所书写的大学

　　走出莫斯科国立大学，走过"学者林荫道"就可以看到马路对面的学术图书馆的
新馆——基础图书馆，整座建筑看上去深沉稳重、恢宏大气。

在莫斯科国立大学主楼，我前再次遇见了罗蒙诺索夫铜像（左）。学术图书馆前面设有施瓦洛夫伯爵的坐像（右）。

设立方案上呈女皇伊丽莎白一世，继而才有了这所百年名校。图书馆职员介绍道："在苏维埃时期，人们总是片面强调罗蒙诺索夫所做的贡献，因为他是平民出身；而贵族出身的施瓦洛夫却始终都被忽略了。现在才开始重新公平审视施瓦洛夫的丰功伟绩。"莫斯科国立大学主楼前面矗立着罗蒙诺索夫的立像，而图书馆前面设有施瓦洛夫的坐像。

莫斯科国立大学的教育与研究涉及各个阶层、兼容并蓄，培养出一代又一代的优秀人才：作家屠格涅夫、《日瓦戈医生》的作者帕斯捷尔纳克、前总统戈尔巴乔夫、核物理学家萨哈罗夫、画家康定斯基、剧作家契诃夫、历史学家蔡达耶夫。

俄罗斯东正教会的中心
阿列克谢二世图书馆

　　俄罗斯东正教的修道院图书馆纪行完全是我意料之外的行程。一般说到修道院图书馆，就会联想到天花板上古色古香的装饰画、羊皮纸制成的古书，但我们来到俄罗斯东正教会大主教阿列克谢二世图书馆（旧称"安德烈耶夫斯基修道院图书馆"）时，发现其外观保留了17—18世纪的建筑风格，图书馆内部却是满满的现代化气息，实在是意料之外。我向馆长神父询问了图书馆的建馆时间，得到的回答是这座图书馆的开馆仪式是1987年举办的，这与俄罗斯的宗教状况密切相关。

　　阿列克谢二世图书馆在建立之初只有3000多本藏书，是宗教学权威米哈伊尔主教去世后捐献的个人藏书，到目前为止，该图书馆藏书已达到20万本。阿列克谢二世图书馆一直是俄罗斯东正教会的宗教研究所。这座图书馆是在阿列克谢二世总大主教（俄罗斯东正教会牧首）的大力推动下才得以成立的。阿列克谢二世于2008年逝世，为了纪念他，图书馆里设有总大主教大厅，里面展示着他收到的礼物和个人藏书，以及博士学位论文等。

　　该图书馆还有一个托尔斯泰厅，是为了纪念大文豪托尔斯泰的玄孙——弗拉基米尔·伊里奇·托尔斯泰而设的。他是俄罗斯东正教权威学院的成员和斯拉夫语专家，在他去世后，他捐赠了5000多本藏书。图书馆馆长达尼连科（莫斯科总大主教区首席司祭）介绍说："他是我的老师，为图书馆的发展做出了很多贡献。"

　　关于俄罗斯修道院及其图书馆的现状，工作人员介绍说："修俄罗斯东正教会修道院图书馆——阿列克谢二世图书馆的入口处。

（左）纪念托尔斯泰的玄孙弗拉基米尔·伊里奇·托尔斯泰的展厅里挂着他本人的照片。

（右）修道院图书馆馆长——莫斯科大主教区首席司祭达尼连科。

道院共有 400 多处，大部分都附带有图书馆，另外，天主教和新教图书馆也一直保持着密切合作。此处图书馆有幸继承了不少地方图书馆的藏书。"

该图书馆在俄罗斯东正教会图书馆中最具权威，发挥着中枢作用，向普通民众免费开放。它宣称是为所有人设立的图书馆，实际来到这里的大多数人也是普通读者。据说，这里的现代化电子图书馆等业务也正在建设中。

走出图书馆之后，有一座橙色与白色相间的古朴典雅的钟塔。钟塔上有一尊 10 吨重的大钟自豪地向全世界传递着莫斯科悦耳的钟声。

阿列克谢二世图书馆钟塔传递着莫斯科最悦耳的钟声。

灿烂文化艺术的象征
俄罗斯国立艺术图书馆

　　俄罗斯拥有这样一座值得自豪的图书馆——可以理直气壮地自称为艺术世界的典范：没有俄罗斯熠熠生辉的文化艺术就没有这座图书馆，反言之，没有这座图书馆就无法推动俄罗斯文化艺术朝着更高的水平发展。作为世界上唯一一座国家级艺术图书馆，俄罗斯国立艺术图书馆（The Russian State Art Library）已经超越了作为图书馆本身的意义。这里不仅提供图书和检索服务，还致力于文化及艺术成果的保存、研究、开发工作，是文化领域的信息中心，为最前线的表演艺术家们提供各种视觉资料，是多元化的知识宝库，也是艺术灵感、创造力和想象力的源泉。

　　该图书馆还向剧团和业余团体提供一些实际支持。演员、舞台导演、舞台设计师、服装设计师、电影和电视工作者、出版商都在这里寻找素材，以便完成自己的艺术构想。因此，与其说这里是图书馆，不如说这是艺术家的生活基地。

　　现实主义戏剧理论巨匠斯坦尼斯拉夫斯基（Stanislavskii）曾赞扬道："我所有珍贵的知识都来源于这座图书馆。"一位当地的元老级演员说过："我准备演出的时候，有一半的时间就在这里度过。"由此，我们也可以推断出表演艺术家们有多么推崇这座图书馆。斯坦尼斯拉夫斯基有一句名言："问题的关键就在于把生活本身搬上舞台。"

　　也就是说，剧中人物在舞台上要像在现实中一样生动才行。对斯坦尼斯拉夫斯基这样的人来说，这个图书馆意义非凡。

俄罗斯图书馆纪行的最后一站，我来到了这里。还没到下午 4 点，天已经黑了下来。短时间内参观了多座图书馆，来到这里时我真的已经身心俱疲了。所有带领我们探访的职员都是女性，她们与生俱来的热情与亲切让我不由得惊叹。对于他们的服务，我不能简单粗暴地评价为"有礼貌"，因为她们并不是虚伪的客套或者社交礼仪上的亲切，而是一种能让人体会到的由衷的热情和温暖。她们的脸上总洋溢着敦厚淳朴的笑容，这时候一切语言都显得多余，我只想说："她们人很好。"可以说就是这样一群敦厚淳朴、善良热情的人一直引领着我在艺术图书馆中行进。俄罗斯图书馆到处都有"老奶奶图书管理员"，这里尤其多。据说俄罗斯针对老人出台了一项福利，就是退休后也可以为其保留职位，使其凭借数十年的工作经验参与到志愿者服务中来，为来访者提供帮助。这样一来，她们的工作时间可以延长到 70 岁——发挥余热，陈酒弥香。

俄罗斯图书馆纪行最后一站——国立艺术图书馆。

演员和舞台表演艺术家们使用的阅览室。运气好的话，还可以在这里遇见大明星。

　　我刚坐到座位上，女馆长就开始用沙哑的嗓音为我们做介绍："艺术图书馆与俄罗斯国立图书馆具有同等权威，也就是俄罗斯联邦拥有最高权威的图书馆，当然在世界范围内也拥有同样的权威。和伦敦、纽约的艺术图书馆比较一下，就知道我此言不虚了。"听得出，在她的言谈举止间满满都是骄傲与自豪。

　　俄罗斯重要的图书馆大部分都是在统治者或国家领导人的全力支持下建造而成的，这座图书馆也不例外。1922 年时任文化部部长提出了建立艺术图书馆的设想，得到了列宁的大力支持。

　　"列宁是俄罗斯知识分子中的典范，他与很多电影人进行了深入探讨，国立电影大学也是在他的积极推动下才建成的。"馆长丝毫不吝啬对列宁的赞美之词。

　　国立马里剧院是俄罗斯最具代表性的剧场之一，俄罗斯国立艺术图书馆最初是作为马里剧院附属学校的戏剧专用图书馆使用的。这座 18 世纪末建造的建筑是著名建筑家卡扎科夫的设计作品，建筑

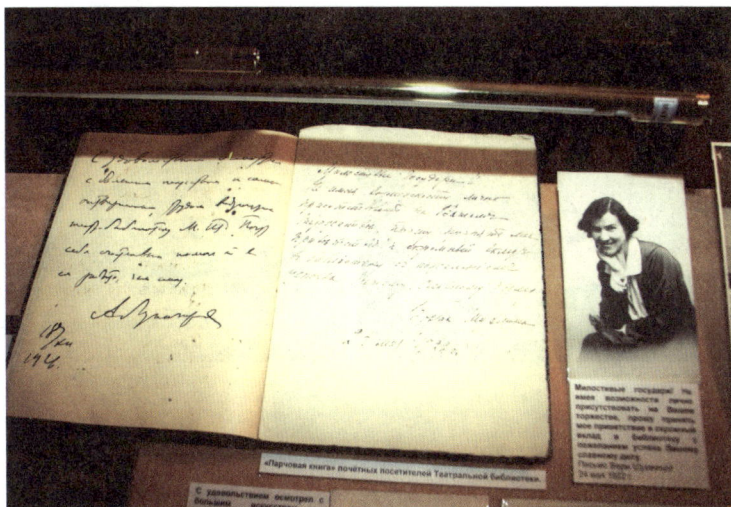

这里展示的笔记和照片是风靡一时的演员们留下的，他们同时又是艺术图书馆的普通借阅者。

整体美轮美奂，被收录为国家文化遗产。在俄国十月革命前，这里曾作为皇室家族剧院被征用，从 1948 年开始作为图书馆对外开放。该图书馆历史悠久，大文豪托尔斯泰曾在此亲自朗读剧本《黑暗的力量》。"二战"时期，图书馆克服各种恶劣条件依旧坚持对外开放，如此英雄的篇章也成为该图书馆最骄傲的馆史。

　　建造这座图书馆的宗旨是为了推动艺术境界走向巅峰。为了实现这个目标，这里不仅收集了大量话剧和电影相关资料，而且还收集了一些记录真实历史事件的照片、图画、世界主要城市代表建筑的照片、服饰、流行趋势、发型等周边资料，涉猎范围逐步扩展到历史、文学、哲学等人文科学领域。

　　我们跟随图书馆管理员来到了刚刚竣工不久的博物馆。博物馆还没有正式开馆，工作人员特意带我们提前参观。一走进去果然有一股油漆味迎面扑来。博物馆内收藏着众多戏剧剧本的手抄本，以及伦斯基、斯坦尼斯拉夫斯基、契诃夫、梅厄霍德等知名艺术大师

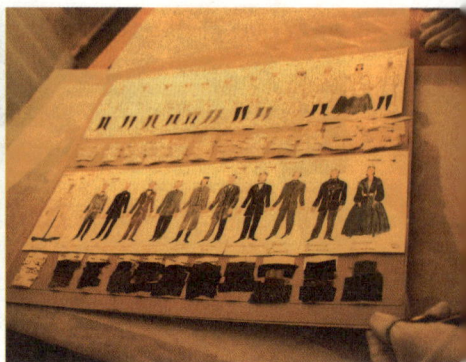

馆藏资料中的俄罗斯各时代服饰演变。

亲笔写下的剧本及导演笔记。这里还陈列着一批著名表演艺术家的亲笔题词和他们出演过的剧本。例如传奇女演员叶尔莫洛娃的题词和剧本等物品。叶尔莫洛娃被称为苏联第一位"共和国人民艺术家"，又被斯坦尼斯拉夫斯基称赞为"我见过的最佳演员"。此外，这里还展示有谢夫金、费多托瓦等俄罗斯国宝级演艺界明星的相关物品。

相传，斯坦尼斯拉夫斯基为女演员费多托瓦的演技所折服，开始研究如何能够让其他演员在舞台上创造出真实生动的人物形象。这里格外吸引眼球的是图书馆中还保留着一些大明星的图书借阅记录，虽然我在这个方面没有什么造诣，但如果戏剧界或电影界的圈内人士看到了的话，一定会激动不已。

照片资料室里面井井有条地陈列着不同时代、不同阶层的服饰照片。向导介绍说，这里仅照片资料就超过 10000 件，明信片收藏品也超过 10000 件，除此之外，这里还有民俗风景、城市景观和一些重要纪念物的照片，具有极高的研究参考价值。平民服装搜集册、俄罗斯及外国城市搜集册等也都是非常有价值的资料。这里的 2500 多件戏剧剧本、7500 多份演出宣传册也都是了解表演艺术变迁史的宝贵资料。

艺术图书馆从20世纪90年代中期开始全面开展计算机化管理，迎合现代化潮流，构建戏剧数据库，推进权威书籍的数字化进程。据介绍，目前他们已经完成了21万多件期刊报道的数字化工作，电子目录也整理得非常完善。该图书馆还同时扮演着莫斯科艺术图书馆协会和俄罗斯图书馆协会的艺术图书馆分会的角色。此外，该图书馆还为全国各地的图书馆、相关团体及艺术家们提供咨询服务，充分发挥了艺术信息的中枢作用。

走出大门时，我忍不住感慨：为俄罗斯艺术事业做出卓越贡献的传奇明星们也曾从这扇门走过。天色已昏暗下来，如深夜一般黑黝黝的，图书馆在灯光的照射下熠熠生辉。虽然一部分明星已故去，但是其带给人们的感动依旧还在。没有不朽的明星，只有不朽的艺术灵魂。明星的生命是有限的，他们的艺术之魂却能青史留名。愿不朽的艺术之魂能够永远留在这座艺术图书馆！

怦然心动的旅程
——离开俄罗斯

　　轰轰烈烈的俄罗斯图书馆纪行结束了，在这一瞬间，我感到非常空虚，也许是因为整段行程太令人激动了。在纪行开始之时，我感觉俄罗斯图书馆就像一座高不可攀的山峰，当我迈出第一步之后，也还是一步一步地爬了上来。世上没有完美的旅行。我的这次俄罗斯图书馆纪行同样是不完美的，就像盲人摸象，以偏概全，未能识得全貌，虽未能尽兴，也只好等下次有机会再进行探访了。

　　俄罗斯人似乎对文化与艺术情有独钟，对自己的图书馆也充满了骄傲和自豪。读书和散步是俄罗斯人的日常生活，也是维持社会健康的原动力。俄罗斯能够在漫长的历史长河中不断战胜考验，突破重围，创造出一片繁盛的天地，也是因为其文化艺术中蕴藏的无形价值为国家发展打下了坚实的基础。我们有必要铭记俄罗斯无形的文化财富。看到俄罗斯人如此热爱图书馆，尤其在生死存亡的时刻，他们依旧坚持开放图书馆，这种民族精神感人肺腑。

俄罗斯科学院社会科学信息研究所图书馆

俄罗斯科学院社会科学信息研究所图书馆坐落于首都莫斯科，1918 年建馆时名为"社会科学基础研究图书馆"，1936 年，俄罗斯两大社会科学图书馆合并后，共同组成了俄罗斯具有代表性的社会科学图书馆。1969 年，俄罗斯科学院下属社会科学研究所成立后，这座图书馆便成了社会科学研究所的内部图书馆，一直延续至今。作为国家级图书馆，其地位举足轻重，早在 1920 年就已经开始接受国内正式出版物呈缴本了。

科学院社会科学研究所是科学院的下属研究所，是俄罗斯乃至全欧洲规模最大的社会、人文科学领域的学术信息中心。该研究所与德国、法国、美国、印度、中国等海外屈指可数的科学研究文献中心建立了合作关系。该馆在俄罗斯有20多个分部，且与各大学建立了密切合作关系。另外，这里还设有英国馆、日本馆等包含外国文学在内的文学图书馆，只是不向普通读者开放，而是为大学教授、研究员、社会科学专家、研究生、准备毕业论文的大学生提供服务，包括世界80多个国家的学者在内，每年有数万人使用该图书馆。该馆也在收集世界各国资料——当然也包括韩国资料，译成俄语后供读者使用。此处收集到的韩国资料主要是历史、哲学、经济学和法律方面的。

工作人员将世界各国资料译成俄文后，定期每月发行一册，再将这些资料每年制作成一本电子书。电子书已于20世纪80年代初开始发行，目前该馆的电子书收藏有350多万本。

这座图书馆的特点就是出版活动十分频繁。其出版的大部分图书内容也都与其馆名相符，是社会科学领域的书籍。工作人员向我展示了从社会科学角度分析欧洲的书籍。在20世纪90年代，馆方创

办了《俄国与现代世界》《文学研究》《俄罗斯和穆斯林世界》《欧洲当前的问题》等学术研究型刊物，在学术界评价颇高。

　　该图书馆收藏了联合国、联合国教科文组织、国际劳工组织、国际联盟等国际机构的文书集锦，同时也保留了美国（1789 年至作者访问时）、英国（1803 年至作者访问时）、意大利（1897 年至作者访问时）等国的议会报告。这可谓是俄罗斯的其他图书馆无法企及的一大特点。此外，这里还拥有俄罗斯规模最大的斯拉夫语（俄语、波兰语、保加利亚语、捷克语、乌克兰语等）的书籍，以及近百年收集到的期刊。为了公开利用这些丰富的馆藏资料，向相关大众普及，该图书馆还举办了国内外科学图书展览会。俄罗斯出版的书籍和杂志自不必说，他们还经常与海外伙伴互相交换、购买图书。

　　社会科学信息研究所图书馆收藏了包括 600 多万册图书在内的总计 1300 多万件资料。其中包括古代东方和欧洲各国语言书籍、古代俄语资料、16 世纪珍本古书等。这里有期刊 700 多万份，覆盖了社会科学所有领域的数据库。图书馆员工（包括分馆）共有 380 多人，其中包含 50 多名博士，人才结构合理。

俄罗斯议会图书馆

俄罗斯议会分为上院联邦会议和下院国家杜马，杜马在俄语中是"想法"的意思。国家杜马的议员有450人。自2005年起，杜马的议员全部按党派得票率分配席位选出。我们访问时那里正在举行全体会议，讨论活跃、热情高涨。

俄罗斯的议会图书馆与韩国的国会图书馆不同，俄罗斯议会图书馆隶属于国家杜马办事处，职员人数也只有50多人。在沙俄时期（1905）爆发了第一次俄国革命，1906年俄国政府开始设立"杜马"作为立法部，并于同年建立了图书馆。

如今的议会图书馆成立于1991年。馆长安德烈耶娃曾于2006年参加过由韩国国会图书馆主办的世界议会图书馆总会，并担任过国际图书馆协会联合会议会图书馆分会的常任委员等，是一名社会活动活跃的俄罗斯女性。

除了提供资料服务外，议会图书馆还提供书刊、信息服务、历史服务、信息分析、咨询服务、参考回复、网络服务、数字图书馆服务等议会信息综合服务功能。为了保障议员们的议政活动顺利开展，为议员提供各种知识信息，目前这里正在以内联网为依托建立法律信息体系，对外提供 CD 及海外数据库资料，提供俄罗斯联邦法等全国书刊和资料索引服务。

索引工具包括卡片目录和数字目录两种。主要数据库包括简报索引、联邦权力机关人名录、关键词目录集、信息服务用语集等。这里与美国、日本、欧洲各国以及韩国的议会图书馆都建立了资料共享合作关系。

波士顿公共图书馆的阅览室温馨雅静，令人印象深刻。

与市民日常生活紧密相连的图书馆之国

美 国

美国国会图书馆　纽约公共图书馆　波士顿公共图书馆
哈佛大学法学院图书馆　哈佛燕京图书馆
约翰·肯尼迪图书馆　洛杉矶公共图书馆　旧金山公共图书馆

📖 图书馆比麦当劳还多的国家

美国是名副其实的图书馆之国。美国不仅拥有密集的公共图书馆网络，其中包括世界上公认最大的国会图书馆和纽约公共图书馆，而且他们高质量、高水平的大学图书馆、总统图书馆皆面对普通公众开放。如果打开美国地图，在所有图书馆上标注一个圆点，那么你会发现图书馆比麦当劳快餐店还要多。是的，这就是美国。美国有12000多家麦当劳，16600多家公共图书馆，图书馆总数达到122000多个。

有句话说得好："要想了解一个国家的过去，就去博物馆看看；要想看到一个国家的未来，就去图书馆看看。"美国的国会图书馆、纽约公共图书馆、美国第一个公共图书馆——波士顿公共图书馆、韩国资料比韩国还多的哈佛燕京图书馆、哈佛大学法学院图书馆、约翰·肯尼迪图书馆，以及西部的洛杉矶公共图书馆、旧金山公共图书馆，等等，都一再证实了美国人并没有只停留在感叹过去的缺失上，而是毫不吝啬地着眼于投资未来。

在美国，图书馆和图书馆管理员的地位比世界上任何一个国家都要高。据说，美国人把拥有以自己名字命名的图书馆视为最高荣誉。而美国之所以总统图书馆数量众多，原因也在于此。例如，耐克公司的创始人之一菲尔·奈特向母校俄勒冈大学捐赠2.3亿美元，从而获得了"奈特图书馆"的名誉。众多有钱人争先恐后地向图书馆捐款，并在图书馆青史留名，这是美国的惯例。

图书馆既是拥有学术知识和思想自由的空间，又是信息和文化的枢纽，亘古不停向前发展。除此之外，已进入知识信息时代的现代图书馆无异于一座不断为国家创造财富的工厂。比尔·盖茨也经常向图书馆捐款，他曾说道："造就我今日成功的不是祖国，也不是母亲，而是社区里的小图书馆。"在他年少时感觉前路茫然的时候，就在离家不远的社区图书馆培养了自己的创造力和想象力，并获取灵感开始创业，最终取得了巨大成功。美国在建设一座新城市时，首先会建的就是学校、警局、消防站和图书馆。图书馆往往位于城市的中心位置，可见美国对图书馆的重视程度之高。

俯瞰纽约的摩天大楼，鳞次栉比、排列紧密。图书馆成为这座冷漠城市里的一片绿洲，抚慰着城市人的心灵。

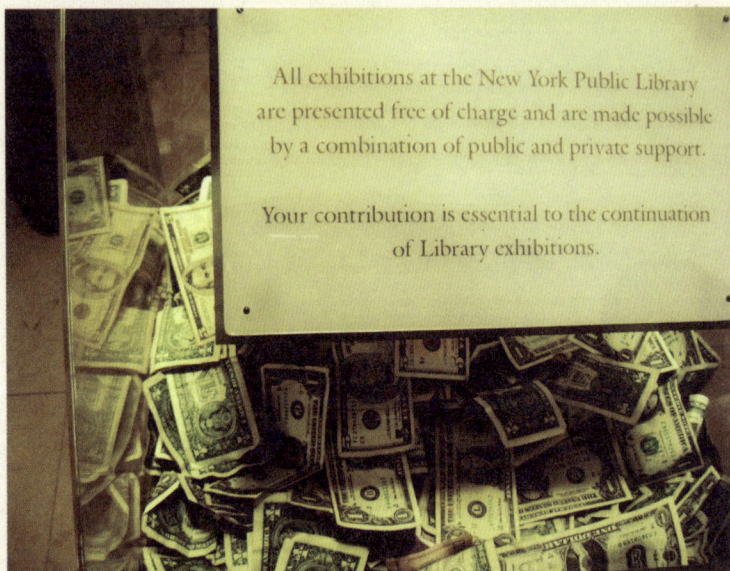

All exhibitions at the New York Public Library are presented free of charge and are made possible by a combination of public and private support.

Your contribution is essential to the continuation of Library exhibitions.

美国人较热衷于捐款。纽约公共图书馆的捐献箱里装满了美元纸币。

冬天纽约的街道上到处洋溢着圣诞节的气氛。

华盛顿的中心
美国国会图书馆

　　美国国会图书馆（Library of Congress，通常简称为"LC"）位于美国国会大楼的后方。华盛顿是美国的政治心脏所在地，国会图书馆位于华盛顿国家广场延长线上，这一地理位置就证明了国会图书馆的地位。国会图书馆在很久之前就被列入了华盛顿的旅游景点。走进国会图书馆的第一座大厦——杰斐逊大厦，任谁都会为其中的美轮美奂而感到震撼。大厦中华丽庄严的画作和雕像、姿态各异的装饰品和标志物精雕细琢、琳琅满目。

　　23 米高的天花板上装饰着彩色玻璃窗，大理石地面的中心镶嵌着太阳形状的大型黄铜工艺作品。天花板上的拼花工艺颇为引人注目。大厅中央矗立着头戴桂冠的女神像。国会图书馆的至珍之宝《古腾堡圣经》陈列在走廊玻璃展柜中。《古腾堡圣经》是现存品相最完美的羊皮纸圣经之一。此外，这里还陈列着图书馆的另一件镇馆之宝——林肯亲笔写下的葛底斯堡演讲草稿。

　　杰斐逊大厦建于 1897 年，自 1980 年起，历经 17 年的翻新改造，才建成如今的面貌。主阅览室的圆厅周围立有肃穆威严的大理石列柱；穹顶天花板、地面、彩花玻璃窗等光彩夺目，散发着金黄色的光芒。在访客席可以将主阅览室全景尽收眼底，访客席前面是一幅大理石拼接镶嵌的作品《和平的密涅瓦》。右边矗立着胜利女神像，左边摆放着猫头鹰。密涅瓦手里拿着的卷轴名册上写着人文、科学、艺术等多种科目。49 米高的穹顶由 320 朵玫瑰花紧密排列装饰而成；下面的彩花玻璃窗刻上了 48 个州（阿拉斯加和夏威夷除外）的相关文句。下面的 8 个大理石石柱顶端分别立有一座 3 米高的知识女神像，这些女神象征着宗教、哲学、历史、艺术、诗歌、法律、科学、商业等领域的思想和文明。女神雕像下面的栏杆上还立有 16 尊青铜人像，这些铜像是每一位知识女神所代表的主题领域中的杰出人物。树立铜像一方面是为了向这些杰出人物致敬，另一方面也是为了将古典文化与美国历史相连接。摩西（代表宗教）、柏拉图（代表哲学）、希罗多德（代表历史）、米开朗琪罗（代表艺术）、荷马（代表诗歌）、梭伦（代表法律）、牛顿（代表科学）、哥伦布（代表商业）等知名人士的铜像姿态清高地俯视着读者们。

在我看来，杰斐逊大厦的大厅和主阅览室极其豪华，我漫步在这里，心里琢磨："在如此高贵典雅的氛围里尽享奢华的究竟是馆

国会图书馆的主楼——杰斐逊大厦。

富丽堂皇的主阅览室散发着金黄色的光芒。玫瑰图案的穹顶和大理石列柱给人留下深刻的印象。

藏书籍呢，还是来访读者呢？"有句话说："一座优秀的图书馆应该要有美丽的外观。"看到杰斐逊大厦，我不禁产生疑问，图书馆难道要如此华丽才行吗？也许是因为美国历史文物匮乏而自带自卑感，才造就了这般华丽的图书馆吧！

　　国会图书馆的第二座大厦——亚当斯大厦位于杰斐逊大厦的后方，是为纪念美国第二任总统亚当斯而建造的。亚当斯总统为国会图书馆的建立付出了大量心血，为其发展奠定了牢固的基石。亚当斯大厦负责保管海外资料，这里的韩国资料超过 24 万本，而且收藏着韩国都没有的大量古籍、古地图和古文献。麦迪逊大厦则是国会图书馆三座大厦中年代最新的，其外观与韩国国会图书馆相似。这两座建筑都是将希腊帕特农神庙形象具体化的产物。美国第四任总统麦迪逊曾说道："知识永远会支配无知。要想成为自己的统治者，

华美如宫殿的杰斐逊大厦。

必须用知识来武装。"从图书馆建筑的名字可以看出，美国建国初期时任总统就建立起了国家图书馆体系，尤其是第三任总统杰斐逊在图书馆建设事业上发挥了举足轻重的作用，他的名言是："没有书籍，我将无法存活。"

美国图书馆系统的最大特点是没有政府图书馆，全部由国会图书馆管理，这主要源于杰斐逊的管理哲学。他认为，如果执政者独占事实、信息和知识，在必要时会隐瞒、歪曲，甚至捏造事实。图书馆是掌管事实、信息、知识的机构，理应放在代表国民利益的国会内，而不是放在执政者手中。

国会图书馆拥有近 4000 名职员，其目标是搜集世界上所有的知识信息资源。

该图书馆藏书量多达 1.42 亿册，书架长 1046 千米，馆藏资料语言多达 470 种，其规模之庞大可想而知。这里的图书馆馆长由总统任命，属于部长级别。我访问时的馆长詹姆士·比林顿（James Billington）曾担任普林斯顿大学教授，是一位历史学家，1987 年被里根总统任命为馆长，已在任 20 多年。在此期间，美国总统已经改选多次，政权也曾几经更迭，只有他——80 多岁高龄仍旧担任着国会图书馆馆长职务。由此可见，美国是严格尊重图书馆的无党派立场的。

我花了整整两天时间参观了这座优秀的图书馆，包括其著名的国会研究服务局 CRS（Congressional Research Service）、法律图书馆、保存处、主管数字图书馆业务的战略室、亚洲科，以及位于华盛顿郊外另外一个建筑内的残疾人图书馆等，并与其总负责人及具体负责人进行了讨论和交谈。他们在百忙之中，还为我安排了丰富的活动日程，为我做了系统的介绍，尽可能地为我多展示一些藏品，并予以详细说明。国会研究服务局会向议员们提供其所需的完整详细的资料，很有威望。该图书馆有 660 名各方面的专业工作人员；其报告也在全世界享有权威。

美国总统与图书馆

　　美国将纪念历任总统的空间称为"图书馆",而不是"纪念馆"。这也代表了美国人有多喜欢"图书馆"这一词汇。从奠定国会图书馆基石的第三任总统杰斐逊到奥巴马,多位总统都与图书馆有着千丝万缕的联系。

　　林肯没有上过正规学校,每见到一本书都会仔细阅读,由此才成就了他那些著名的演讲词。据说,林肯成为议员以后在国会图书馆尽情阅读书籍,通过自学掌握了大量军事知识,最终借此赢得了南北战争的胜利。国际新闻历史博物馆(Newseum)内部墙壁上张贴了一幅他的巨幅标语,指明了图书馆和舆论的庄严使命:"让国民了解事实,国家就会安全。"(Let the people know the facts, and the country will be safe.)

　　乔治·布什在图书馆第一次遇见了图书馆管理员劳拉。据说,劳拉提出了一个答应同他交往的条件,那就是"多去图书馆,多读书"。布什外号"得克萨斯牛仔",心中的野性强于知性。有人说布什是恰好遇到了一位贤内助,正好弥补了其自身的弱点,才坐上了总统的宝座。

　　无独有偶,克林顿与希拉里夫妇的第一次相遇也是在耶鲁大学图书馆。

　　奥巴马也是一个"图书馆狂人"。2005 年,奥巴马当时还是参议员,在有 3 万多人参加的美国图书馆大会上,他受邀作为主题发

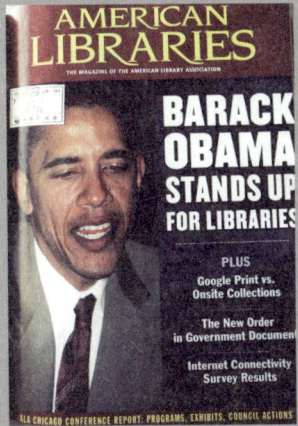

言人发表演讲。他的演讲内容非常鼓动人心，备受听众欢迎。他将图书馆定义为一扇"通往广阔世界的窗口"，赞扬图书馆管理员是"事实和知识的守护者"。他在演讲临近尾声时还一针见血地指出了问题的关键：当今时代是知识转化成权力和成功的重要时刻。他还说道："睡前我会给小女儿们读书，看着她们慢慢入睡的样子，我会觉得这应该就是天堂的另一副模样吧。"在这次演讲的过程中，他共获得 6 次掌声，在末尾更是赢得了在场观众的起立鼓掌。美国图书馆协会的机关报《美国图书馆》（*American Libraries*）月刊以封面故事的形式刊登了此次演讲及奥巴马本人的照片，题目为《奥巴马支持图书馆》。

奥巴马曾说道："没有曼哈顿中城图书馆，就没有今天的奥巴马。"由此可见，他是一位视图书馆如生命的人。在卸任前两年，他开始着手为建立"奥巴马图书馆"募集资金，并成功募集到 10 亿美元。夏威夷、纽约和芝加哥三座城市展开角逐，争夺图书馆的创建地，在经过申办竞争之后，他最终确定选址芝加哥杰克逊公园。

治愈都市人的
纽约公共图书馆

我永远记得电影《后天》中的场面。全球变暖引发毁灭性灾难，凶猛的海啸吞噬了自由女神像，凛冽的酷寒袭击了纽约城，市民们纷纷躲进了纽约公共图书馆（New York Public Library）。由此可见，名扬四海的纽约公共图书馆与市民生活密切相关，不，应该说这里已经成长为市民生活中不可分割的一部分。

纽约公共图书馆坐落在曼哈顿正中央，两只石狮雕像雄踞两侧，威风凛凛地向来访者致意。每年"地铁系列赛"[美国职业棒球大联盟（MLB）纽约扬基队和纽约大都会队在世界系列赛中展开较量。蕴含乘坐地铁往返于两队球场之意] 举办之时，为了参与纽约市民的庆祝活动，图书馆工作人员会给两座石狮子分别戴上两个球队的帽子。两座石狮雕像与市民们同喜悦、共悲伤，长久以来，一直守护着这座图书馆。

打开纽约公共图书馆的大门，就能看到宽敞开阔的中央大厅。这里就是影片《欲望都市》中曾提到的婚礼礼堂，实际上这里也可以作为婚礼礼堂以高价向外租赁。玫瑰阅览室入口的墙壁上用古语体写着《失乐园》的作者约翰·弥尔顿的名句："一本好书是灵魂中流淌的宝贵血液，值得永远铭记并珍藏。"

2001 年发生"9·11"事件时，纽约公共图书馆做了大量积极的援助工作，给我们带来了很多启示，同时也让我们进一步思考：图书馆究竟在扮演一个什么样的角色？它所能发挥的作用极限又在哪里呢？在巨大的人为灾难面前，全世界都深受冲击，陷入了恐慌，纽约市民所受的创伤和内心的恐惧感超乎想象。图书馆当时立即将网站转换成反恐应对体制，公布了倒塌建筑里的人员名单、寻找失踪者的方法、现场应对要领等。"9·11"事件善后结束后，纽约公共图书馆提供了丰富的信息用于帮助市民克服集体性的抑郁症、悲伤、恐惧感，并开设相关讲座，组织失去亲友的受难者家属聚会，为纽约市民提供了极其全面的志愿救助服务，广受好评。在纽约市提供的公共服务中，图书馆的评价十多年来一直位居榜首，我想其原因就在于此吧。

该图书馆以 1901 年卡耐基（Andrew Carnegie）捐献的 520 万美元为启动资金，实现了巨大飞跃。直至现在，纽约市只负责一半的运营费用，剩余费用由捐赠部门收到的捐赠款项来补充。此外，该图书馆还进行了金融投资，在金融危机时期受到重创。

我又来到了图书馆主楼对面的曼哈顿中城分馆。入口处人山人

坐落于曼哈顿中心的纽约公共图书馆全景。

纽约公共图书馆前的石狮雕像。

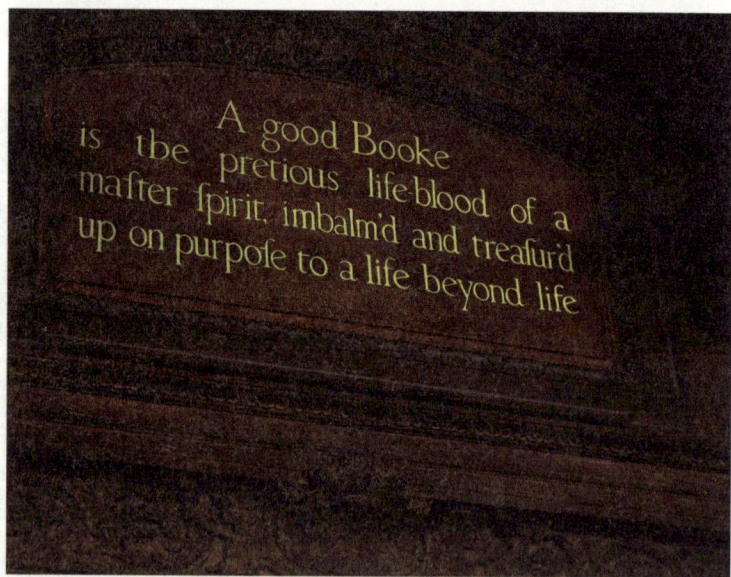

A good Booke is the pretious life-blood of a mafter fpirit, imbalm'd and treafur'd up on purpose to a life beyond life

玫瑰阅览室入口的墙上刻着约翰·弥尔顿的警句："一本好书是灵魂中流淌的宝贵血液，值得永远铭记并珍藏。"

海的景象让我记忆犹新。这里有奥巴马经常来访的职业信息中心（Job information center），里面摆满了美国各地的就业信息相关书目，奥巴马真的也看过这些书吗？《诗人的市场》（*Poet's Market*）一书看上去别有风味。即使是诗人，也不可能不食人间烟火，这本书便将诗的生产者与消费者连接了起来。职业信息中心会提供简历制作方法、面试要领讲座等实质性服务。在这里，市民可以提着购物篮，非常轻松随意地看书和看录像，这是这家图书馆的一大特点。由于它是一座"贴近生活的图书馆"，所以总是像菜市场一样，有些嘈杂。

纽约公共图书馆拥有4座主题研究图书馆，分为艺术、科学、商业等不同主题，下设83座地区分馆，每天来访人数超过10万人次，到处都是生机勃勃的景象。有人说，如果外地人初来乍到，"自由女神像"会热情欢迎，而图书馆则会对新人进行培训，使其成为真正的"纽约客"（New Yorker）。甚至还有当地人说，因为这里的图书馆而不舍得搬离这座城市。这座图书馆就是如此深受市民喜爱。

奥巴马曾到访的职业信息中心。

纽约公共图书馆的玫瑰阅览室，高不可及的天花板、充满活力的读者都给人留下了深刻印象。

图书馆的守护者——卡耐基

一提到"卡耐基",多数人都会想起他"钢铁大王"的称号,其实他还可谓"图书馆的守护者"。他在美国、英国、澳大利亚、新西兰、印度、斐济等地共建立了 2509 座图书馆,总数比美国当时在本国建立的 1600 多座图书馆还要多。

卡耐基因出生于贫苦家庭,无法正常上学,只能在社区小图书馆里满足自己对知识的渴望,也就是在那时,他明白了图书馆的价值所在。作为一位企业家,他向来以高傲冷漠的形象示人。当他表示要捐赠图书馆时,甚至有些人表示拒绝:"不能用剥削劳动赚来的脏钱建立神圣的图书馆。"

不管怎么说,卡耐基选择了"像狗一样挣钱,像丞相一样花钱"(挣得辛苦、花得体面),不仅让自己名声远扬,还为当今美国的发展做出了巨大贡献。

世界上第一个公共图书馆
波士顿公共图书馆

来到波士顿就能见到世界上第一座公共图书馆——波士顿公共图书馆。图为该图书馆门口的招牌。

如果说公共图书馆是"市民大学"，那么波士顿公共图书馆（Boston Public Library）就是世界上第一所市民大学。该图书馆设立于1848年，是世界上第一座免费的大型公共图书馆，最早开始读者借书服务，这在当时是划时代的创举。1895年，这里设立了儿童专用阅览室，1902年这里还首次为儿童提供了读故事服务。当时波士顿是美国历史、社会和知识的中心，建立公共图书馆和引入新型服务等措施成为其他美国城市的榜样。

波士顿公共图书馆整体氛围安静优雅，绅士风范十足。从正门走进去，两只面无表情的狮子仿佛是在警示来访者要保持肃静。

该馆分为主楼和27座分馆，收藏了约1500多万件

主楼内的石狮雕像。

资料，包括 610 万本普通书籍、170 万件珍贵资料和手抄本，等等。这里珍贵的资料主要有莎士比亚作品初版、莫扎特管弦乐谱等。每年租借资料在 1500 万件次以上，业务十分繁忙。这里还有美国第二任总统亚当斯的个人书信。

波士顿公共图书馆位于波士顿的标志性建筑保德信大厦附近。麦金楼年代久远、历史悠久，是学术研究图书馆；约翰逊楼与中央庭院相连，是可供借阅的普通图书馆。1895 年，麦金楼开馆时曾被称为"人民的宫殿"，1986 年被指定为国家历史遗存建筑。

麦金楼的入口处设有两座青铜像，其中一座是一位女性手里拿着小地球仪，左右两边的大理石上刻有牛顿等科学家的名字；另一座也是一位女性铜像，她手持画笔和画板，旁边刻有米开朗琪罗等艺术家的名字。

波士顿公共图书馆的中央庭院精致美丽，远近闻名。

墙壁上还刻有苏格拉底等哲学家、思想家、艺术家的名字，他们都是引领人类知识进步的人物。图书馆象征着人类知识和智慧的殿堂。

约翰逊楼建于1972年，即使与现代图书馆相比，其规模和功能仍然毫不逊色。该大楼的规模与麦金楼差不多，它由粉红色花岗岩修建而成。中央庭院位于麦金楼和约翰逊楼之间，是仿照16世纪罗马的恺撒利亚宫殿建造而成的。作为世界上第一个大型免费公共图书馆，波士顿公共图书馆目前已在网站上开通了"推特"服务，以便能够与用户进行及时沟通，这使得它更加与众不同。

曾获得普利策奖的历史学家麦考勒将波士顿公共图书馆评选为美国五大图书馆之一，其余四家分别是国会图书馆、纽约公共图书馆、哈佛大学图书馆和耶鲁大学图书馆。

图书馆的内部设计兼具实用性和感官刺激。书架周围摆满了椅子，孩子们经常坐在那里看书。

波士顿公共图书馆的中央书架上挤满了各类书刊。

奥巴马的精神故乡
哈佛大学法学院图书馆

　　哈佛大学所在地波士顿是马萨诸塞州的首府，也是政治名门肯尼迪家族的故乡。位于波士顿的大学有哈佛大学、麻省理工学院（MIT）、波士顿大学、马萨诸塞州立大学、波士顿学院等。因此，该城市作为教育城市而备受关注。当年"五月花号"船最先登陆的普利茅斯就位于不远处，因此波士顿也是第一代移民城市。美式橄榄球新英格兰爱国者队、NBA波士顿凯尔特人队、MLB波士顿红袜队等强大的体育队伍也都汇集于波士顿大本营。

　　哈佛大学无需再多说，是世界著名高等学府，曾培养出了约翰·肯尼迪、富兰克林·罗斯福、贝拉克·侯赛因·奥巴马等6位总统。提到哈佛大学法学院，很多人都会想起20世纪70年代红极一时的电影《平步青云》，剧中的金斯菲尔德教授性格严苛固执，嗓音清亮古怪。课堂上学生们回答老教授提出的问题，针对学生们的回答，老教授又提出新的问题，这种"苏格拉底问答式"的授课方式颇为生动有趣。哈佛高才生埃里克·西格尔创作的小说《爱情故事》、好莱坞电影《律政俏佳人》以及韩国电视剧《哈佛爱情故事》也都是以这所大学为创作背景的。

　　在我访问哈佛时，怎么也找不到电视剧中出现过的场景，经询问之后才知道原来哈佛大学不允许商业拍摄，所以电视剧中的情景都是在别的大学拍摄的。

　　哈佛大学法学院图书馆——兰德尔图书馆（Langdell Library）的名称取自首任校长兰德尔（Christopher Langdell）教授的名字。在

世界著名大学——哈佛大学法学院的入口。我在造访此地的时候，雪花漫天飞舞。

哈佛大学法学院兰德尔图书馆内景。

现存大学的法律系图书馆中，该图书馆居美国首位。这里平时开放至晚上 12 点，考试期间，二层阅览室 24 小时开放。虽然学生很多，但是这里一直保持整洁安静，甚至一根针掉在地上都能听得到，这种静谧与很多图书馆截然不同。

哈佛大学与《爱情故事》

　　《爱情故事》讲述的是富家子弟奥利弗与出身贫寒的詹妮弗之间凄美的爱情故事。奥利弗是哈佛大学法学院学生，而詹妮弗是学习音乐的。这个讲述爱情、人生与死亡的故事于 1970 年被拍成电影，打动了无数观众。现在只要一到下雪天，从收音机里传出的该电影插曲《雪中嬉戏》（Snow Frolic）中那甜美哀婉的旋律便会融化听众的心灵。年轻的恋人在白色雪地上跳跃、摔倒、亲吻、打雪仗、打滚、玩耍的场面被评为"难忘的经典场面"。"爱，永远不用说抱歉"是这部电影留下的著名台词。

　　男女主人公第一次见面是在雷德克利夫大学图书馆。雷德克利夫大学是哈佛大学旁边的女子大学，之后被合并到哈佛大学里。两人的故事开始于一次偶然的争吵：女主人公在图书馆工作，与前来借书的男主人公发生了争执。最终 25 岁的女主人公因不治之症而不幸去世，他们之间的缘分最终飘零散尽。如果有人问我世上最悲伤的是什么，我早已准备好的答案是"蓝色落叶"。

哈佛燕京图书馆

　　距离哈佛大学法学院图书馆不远的地方有一所东方学图书馆——燕京图书馆。燕京是中国北京的古称。燕京图书馆是从燕京研究所的附属图书馆发展而来的。1928 年查尔斯·马丁·霍尔（Charles Martin Hall）依靠铝业发家致富，在查尔斯·马丁·霍尔基金的赞助下，东方学研究所得以成立。

　　该图书馆用于收集东亚地区的源语资料，东亚的英文书籍归中

燕京图书馆门口的中国产石狮雕塑。

央图书馆管理。韩国馆共收藏了 14 万余册书籍，其中包括 4000 余本古书。目前有 7 名韩国图书管理员在此工作。此外，这里还收藏着 66 万册中文书籍、30 万册日语书籍和 115 万册越南语资料。

20 世纪 50 年代初，哈佛大学开设了韩国语课程，并从 20 世纪 60 年代开始将韩国学设为独立的专业研究领域，燕京图书馆逐渐成为研究的中心。这里也是国际韩国学交流的中心。该图书馆虽然没有收集到韩国相关的全部资料，但是已经收藏了许多能够帮助深入理解韩国传统文化的基本资料，供读者查阅。来到这里，我突然想到自己的一位朋友曾经在哈佛大学作为交换教授工作了一年，他曾开玩笑地说过："我在燕京图书馆只看韩国书，没想到出国一年，英语反而退步了。"

（左）燕京图书馆精美的阶梯让我印象深刻。
（右）图为燕京图书馆的韩国资料。这里也陈列着朝鲜方面的资料。

名门望族的光与影
约翰·肯尼迪图书馆

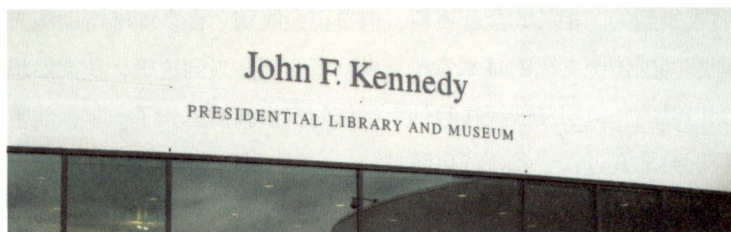

约翰·肯尼迪图书馆兼博物馆的入口。

肯尼迪总统年仅46岁便戏剧性地在一声悲鸣中去世了，1979年，其故乡波士顿建立了约翰·肯尼迪图书馆兼博物馆（John F. Kennedy Presidential Library and Museum），为他短暂却意义不凡的一生留下了浓墨重彩的记录。

肯尼迪是一位对文化艺术见解独特的知识分子，图书馆收藏的资料很好地证明了这一事实。图书馆里展示着他本人在总统就任仪式上朗读的诗歌《未选择的路》（*The Road Not Taken*），以及他与诗人罗伯特·弗罗斯特、小说《大地》的作家赛珍珠等文学界人士的合影。他在演讲中非常喜欢引用弗罗斯特的诗，并特意发表过追悼诗人的演讲，但在之后不到一个月的时间里，他自己也随着弗罗斯特去了。

无论在什么场合，他都会请文人上座。当别人推辞的时候，他就说："政治是瞬间的，而文学是永恒的。瞬间的身份怎么可能比永恒的身份高贵呢？"也许正因为如此，该图书馆销售的肯尼迪语

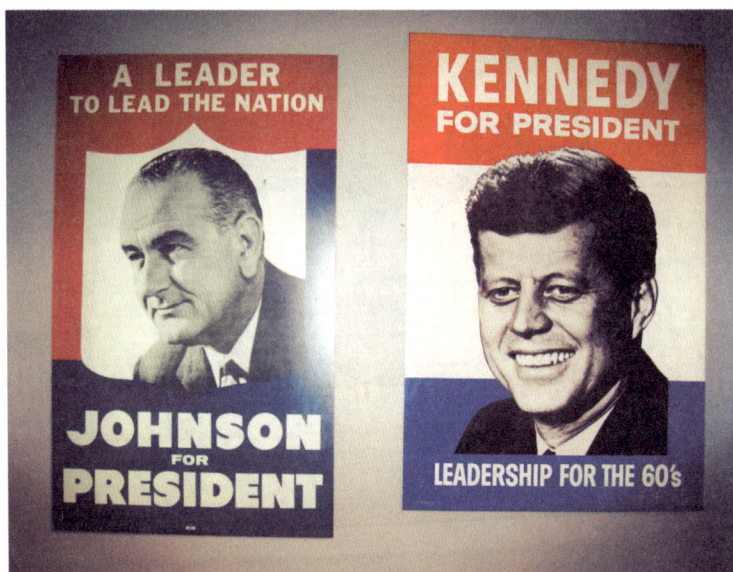

在重现肯尼迪生平的图书馆里可以追寻他生前的痕迹。图为大选当时的宣传海报。

录集里面，有关文化艺术的名言被收录在了最前面。我十分喜欢那巴掌大小的语录集，买回来之后有空就会拿出来阅读。"当权力把人引向傲慢时，诗歌能提醒他自己的局限性。"（When power leads man toward arrogance, poetry reminds him of his limitations.）这是肯尼迪语录集第一页上面的名言。

约翰·肯尼迪图书馆是海明威资料的存档及研究中心，这也完全符合肯尼迪的风格。1980年，该图书馆成立海明威资料室，只对研究人员开放。虽然肯尼迪和海明威素未谋面，但他们交情很好。肯尼迪曾邀请海明威参加自己的总统就职仪式，但海明威因病未能参加。

之所以在约翰·肯尼迪图书馆设立海明威资料室，是因为在1961年海明威死后，肯尼迪曾协助海明威的夫人玛丽回到古巴整理

图书馆里再现了肯尼迪生前所使用的白宫办公室。

相关资料。1968 年，玛丽和肯尼迪的夫人杰奎琳决定将玛丽从古巴带回的海明威相关资料保存在约翰·肯尼迪图书馆。2009 年古巴政府向约翰·肯尼迪图书馆捐赠了海明威留在古巴的 3000 多件资料复印件。其中包括《老人与海》校对原稿和《丧钟为谁而鸣》结尾部分的改写原稿等，以及和英格丽·褒曼（电影《丧钟为谁而鸣》中女主人公的扮演者）等人的往来书信。约翰·肯尼迪图书馆目前保留着大约 90% 的海明威资料和原稿。

有一项以美国人为对象的舆论调查显示：数十年来美国最优秀的名门望族一直是肯尼迪家族。荣辱交融、光影交错的约翰·肯尼迪图书馆里，无论何时都挤满了国内外游客。不管岁月如何流逝，美国人似乎不想将肯尼迪和杰奎琳送进历史扉页。肯尼迪夫妇的一生比电视剧更加戏剧化，我站在他们留下的记录前，久久不愿离去。

杰奎琳的晚礼服

在肯尼迪总统图书馆，最引人注目又令人感慨万千的是美国前第一夫人杰奎琳的晚礼服。1963 年在华盛顿国家画廊举行的著名画作《蒙娜丽莎》展示会开幕式上，杰奎琳身着这件用白色蕾丝和珠子装饰的粉色礼服出现在现场，之后这件礼服被众人熟知。法国其实很少举办《蒙娜丽莎》画作的海外展览。据说肯尼迪 1961 年访问法国时，法国文化部长官安德烈·马尔罗（《人类的命运》的作者）被杰奎琳的个人魅力所深深吸引，承诺将会在美国举办一次《蒙娜丽莎》画作的展览，这才有了开头那一幕。这条长裙有这样一段故事：

晚礼服采用了杰奎琳喜欢的粉色。

杰奎琳在 1962 年 5 月的《生活》杂志中看到奥黛丽·赫本所穿的黄色礼服，自己也非常想要一件。这件礼服是由法国品牌纪梵希设计的。于是她就将这条裙子素描下来，交给自己的专用设计师奥雷格·卡西尼来制作。卡西尼按照纪梵希这款礼服的样式进行设计，但将礼服的颜色换成了杰奎琳喜欢的粉色。杰奎琳除了在出席《蒙娜丽莎》展示会时穿过这件带有印度风格的礼服外，后来在白宫举办的欢迎印度总统的晚宴上，杰奎琳再次穿上了这件印度风格礼服。

20世纪60年代初，30岁出头的美国第一夫人以特立独行、别出心裁的时尚感而备受关注。杰奎琳在人生鼎盛时期失去了丈夫，之后与希腊船王亚里士多德·奥纳西斯再婚，再一次成为

美国前第一夫人杰奎琳像

世人"八卦"的热点话题。她受到了美国男性的各种指责和嘲讽。7年之后，其第二任丈夫也离世，后来她便与纽约一位籍籍无名的珠宝商成为伴侣，晚景凄凉，去世后最终被安静地埋葬在前夫的身边。杰奎琳的辉煌时期，即使身上佩戴再珍奇的珠宝，她本人也会如宝石一般璀璨夺目，可以说是一位让宝石都失去光彩的女人！我望了许久穿在展示模特上的杰奎琳晚礼服，没有灵魂，没有四肢，没有体温，只能再次感叹人生无常、权力无常。

美国的另一个世界
洛杉矶公共图书馆

　　位于美国西部地区规模最大的洛杉矶公共图书馆（Los Angeles Public Library）很好地反映出美国是个多民族社会的特征。美国是多民族国家，尤其是洛杉矶与太平洋接壤，地理位置得天独厚，在此居住的朝国人比比皆是。洛杉矶过去曾是墨西哥的领土，因此，这里也有许多墨西哥的中南美裔。这里的图书馆贴近市民生活，反映出这种地域特点也是理所当然。

1993年增建的洛杉矶公共图书馆全景。该建筑获得了美国最佳图书馆建筑奖，外观和内部都非常靓丽。

图书馆庭院围墙上装饰着由多国语言写成的名言警句。

图书馆庭院的阶梯上用各国文字书写着该国家代表性的语句。《龙飞御天歌》中的韩文内容十分引人注目。

该图书馆除总馆外，还有 72 座地区分馆，每个分馆根据居民构成比例，提供量身定制的图书服务。韩国城分馆中 2/3 的读者是韩裔，所以有相应的韩裔图书馆管理员和职员为大家服务。总馆也有 5 位韩国图书馆管理员，有六七个分馆会购入韩国语书籍；洛杉矶东部大部分是中南美裔，因此还有 20 多个分馆收藏有西班牙语书籍；唐人街和小东京等地区的分馆也各具特色。在这里可以学习到多达 500 多种语言，这也反映了多民族社会的特征。

图书馆庭院的阶梯上用各国文字书写着该国家代表性的语句，彰显着多元文化共存的特点。《龙飞御天歌》映入我眼帘的那一刻让我倍感自豪。其墙上悬挂着用多国文字写成的关于书籍和读书的警句。如果韩国侨民匆匆路过时抬头看到墙上的韩语名言"阅读是人类的精神食粮"一定会心有暖意：感激图书馆对市民的人文关怀，同时也会自然而然地获得一种强烈的认同感："这是我们的图书馆。"让人感觉图书馆并不是高傲冷漠的，而是与市民同呼吸、共命运，存在于最普通的日常生活中的——这些是图书馆付出多种努力想要实现的效果。

美国和韩国不同，文盲率较高，而洛杉矶的文盲率尤其高，因此洛杉矶开设了认字教育中心。其总馆和 22 座分馆都提供读书和写作课程，这使图书馆成为提供终身教育的学校，而且还是采用家庭教师的方式进行一对一教育。带领我们探访的图书馆管理员李英实说，她也曾在该部门工作过两年，志愿者们的献身精神让她非常吃惊。据说，志愿者通常白天在自己的工作岗位上工作，晚上抽出时间进行志愿服务。问他们为什么要去图书馆做志愿者时，她们说自己从书本里得到的东西太多了，人生也由此发生改变，看到那些不识字的人，会感到很可惜，所以即使再累也依旧坚持做志愿服务，她们想帮助那些人摆脱文盲状态。

洛杉矶公共图书馆与美国东部地区历史悠久的图书馆相比，建

VIETNAMESE JAPANESE
Việt Ngữ   日本の書籍

SPANISH   KOREAN
Español   한국 서적

OTHER LANGUAGES

　　洛杉矶图书馆除了总馆外，还建有72座地区分馆。用韩文标记的"韩国书籍"格外引人注目。

　　洛杉矶在美国也是文盲率很高的城市。对此，图书馆开设认字教育中心，提供一对一的教育服务。

成时间较短，珍贵书籍也相对较少，其特色在于实用性强。在开展文化教育、提高素养等对市民生活有实际帮助的方面上，这里比美国任何一个图书馆都丰富多样，例如如何创业、企划事业、得到银行融资的途径、投资股票、管理资产、避免破产、整理信用卡，在这里你还可以学习简历的制作方法，甚至在作业和职业介绍方面得到帮助，以及学习、培养各种兴趣爱好等，总之，这里的项目种类繁多、实用具体。这里甚至还备有联邦政府和州政府的税金申报书表格，实属难得。美国的图书馆无论在哪里都是社区的中心枢纽，而这座图书馆更是如此。

和美国其他的图书馆一样，这里也设有名为"图书馆的朋友"的后援集团，成立了由市民捐款资助的图书馆基金会（Library Foundation）。基金会一直在鼓励和引导市民在生命结束后将遗产捐献给

墙上密密麻麻地刻满了向图书馆捐赠遗产的捐赠者名单。此外，这里还刻有以捐赠者名字命名的馆室。

图书馆，届时他们会以捐赠者的名字来命名图书馆馆室，或在墙上刻上捐献者的名字，用来回馈捐献者的慷慨解囊。如今卡片检索目录已成为历史遗物，馆方将捐献者的名字挂在卡片检索目录抽屉的上面，将其展示在走廊里，也是个很有创意的想法。

在美国，要想成为一名图书馆管理员，必须获得图书馆协会认可的硕士学位。这一点与韩国有所不同，韩国在本科就设有文献信息专业。据说，在洛杉矶公共图书馆工作的图书馆管理员会被分为成人图书管理员、青少年图书管理员、儿童图书管理员，这些管理员在文献信息学硕士的学习过程中可自主选择管理方向。在我到访美国不久前，美国图书馆业内相关人员才提出青少年图书管理员的概念，没想到洛杉矶公共图书馆在这方面又走在了全美最前列。

洛杉矶公共图书馆位于市中心，1993 年增建的新馆获得了"美国最佳图书馆建筑奖"，其外观和内部都非常漂亮，馆内墙壁和天

洛杉矶公共图书馆主楼的装饰壁画艺术价值卓越，天花板设计匠心独运，地板颇具异国情调。

花板上的装饰壁画具有很高的艺术价值。建筑顶端呈金字塔形状，入口处大门上雕刻着的古代图书馆的内部图案，使得这座现代图书馆又兼具了历史的沧桑感，同时也提升了整个图书馆的格调。

洛杉矶公共图书馆的庭院比其他图书馆都要宽敞雅致，有很多人选择将这里作为举办婚礼和聚会的场所。深入了解之后也就明白了这里如此宽敞也是有理由的。图书馆后面矗立着一座63层楼高的地标式建筑大楼，这座大楼的别名为"图书馆塔"，是美国合众银行的办公大楼。图书馆塔的所有者通过购买图书馆的上空区域获得了庭院的使用权。这主要得益于美国城市企划领域的开发权转让制度，韩国目前还没有这项制度。

该图书馆拥有1000多名职员，640万件藏书，年均1700万人次的使用率，年均资料借阅1800万件，200万名会员。馆内还处处体现着对多元文化的尊重和为市民提供实质性服务的精神，这比其庞大的规模更加难能可贵。入口处的大门上写着："书籍向所有人发出邀请，没有任何限制"（BOOKS INVITE ALL. THEY CON-STRAIN NONE）——在强调了图书馆和书籍价值的同时，向市民发出了邀请。

图书馆的大门上的文字和浮雕。上书"书籍向所有人发出邀请，没有任何限制"，下方刻有表现图书制作过程的浮雕。

图书馆装饰着精致时尚的吊灯和雕塑，很容易让人产生错觉，以为是来到了美术馆。

一座城市一本书——旧金山公共图书馆

　　一提到旧金山，我们首先会想到金门大桥。这座大桥在 1937 年竣工时被誉为"世界奇迹"，创下了许多世界纪录。尽管现在这些纪录大部分都被别处刷新了，不过这里仍有"世界级自杀圣地"的称号。获此称号的确切原因不得而知，有可能是因为大桥本身雄伟壮观，又经常被浓雾笼罩而神秘感十足，再加上这座大桥的名字也别出心裁。几年前，此地与自杀有关的各种故事在地方媒体上连续报道，由此可以看出这座大桥和自杀难脱干系。据说，市政府正计划投入较多资金，设置防止自杀的保护墙。

　　我也亲自走过了这条近 3 公里长、魅力不凡的大桥。亲自体验和远观还是存在本质上的差异。就像是看着诱人的食物和亲自品尝食物之间的那种差异一样。站在桥中间向下看，碧波荡漾的太平洋

魅力不凡的金门大桥。

走进图书馆，我就被从一层直通顶部的大厅吸引了。

海水让我觉得头晕目眩，突然我也开始担心有一天自己可能会跳下去。如果要在这里写下一些鼓励人的话，我会写些什么呢？例如"再多活今天一天，明天再来吧"。这样一来，明天永远不会出现在我面前了。为什么？因为明天出现在我面前的一瞬间，就变成了今天。

金门大桥是旧金山的标志性建筑，在旧金山这样美丽的城市不可能没有美丽的图书馆。坐落在市政厅对面这座简练干净的建筑就是旧金山公共图书馆（San Francisco Public Library），于1996年建成。其主要任务是：提供信息与知识服务，使市民能够免费公平地享受自学与读书的乐趣。如同这座宁静清新的城市一样，图书馆内外的氛围都显得淡泊宁静。图书馆内部最独特的设计就是从一层直通顶部的开阔大厅。虽然也有人批评说这样的设计浪费了太多空间，但由于其造型精美出众，大多数人只会感叹"好漂亮啊"，不太会想到"好浪费啊"。

在旧金山举办的"一座城市一本书"运动中，这座图书馆发挥了主导作用。活动的主要内容是让市民同时阅读同一本书，之后进行交流沟通。举办这项活动，是为了让不同文化背景的市民之间、不同年龄段的市民之间产生共鸣，推进知性城市的发展进程。这项活动使很多图书馆会员、书店、项目合作伙伴和媒体都参与进来了，收到了较好的效果。

一位读者站在阅览室入口处埋头读书。这一场景犹如一幅图画，我不由得驻足看了好久。

图书馆一隅销售着物美价廉的图书。

古朴典雅的图书馆内景，这里珍藏着博尔赫斯的足迹。

博尔赫斯梦想中的天堂图书馆

阿根廷

阿根廷国家图书馆

来到布宜诺斯艾利斯的博卡地区，我才切身体会到当地文化的热忱。颜色鲜明的原色建筑散发着迷人的魅力。

南美的巴黎，
布宜诺斯艾利斯的魅力

　　布宜诺斯艾利斯（Buenos Aires）意为"好空气"，有"南美巴黎"之称。这里瑰丽的建筑鳞次栉比，文化艺术的浪涛奔流不息，闲暇与时尚交织融合，所谓的"好空气"大概就是这个意思。这里几百家剧院每晚都在上演歌剧、音乐剧、探戈和话剧，因此，这座城市也被誉为"夜间幸福城市"。这座城市中的人自豪感爆棚，甚至不屑与南美地区的其他城市相提并论。

　　我整整坐了24个小时的飞机才来到位于地球另一边的这座城市。大街上的人群熙熙攘攘，我随着人流漫无目的地走着，突然发觉长途飞行的疲劳竟然早已消失不见，而我也不知不觉间融入当地生活，成为布宜诺斯艾利斯一名普通的市民。想到这儿，我不禁哑然失笑。虽然这座城市已不再拥有经济上的富足，但市民们并没有只忙于日常生计，而是畅游在文化艺术的海洋中。至少我走在大街上完全看不出这个国家还面临着种种发展困难。热烈的足球、性感的探戈、知性的图书馆、洁净的空气胜于欧洲任何一座城市，这说的就是布宜诺斯艾利斯。

博尔赫斯和艾薇塔共存
阿根廷国家图书馆

我为什么会来到这么遥远的地方？这里之所以对我有如此强大的吸引力，正是因为拉美文学巨匠博尔赫斯（Jorge Luis Borges）曾生活在这里。

这座图书馆却会一直存在，充满着宝贵的书卷，无用的，但又不会腐烂的秘密，静止的，但又是光辉灿烂的。

选自《巴别图书馆》

博尔赫斯这句名言成为全世界图书馆人的最爱，他在失明的状态下依旧担任图书馆馆长达 18 年之久，而他所在的这座图书馆就是阿根廷国家图书馆（Biblioteca Nacional de la República Argentina）。在第一次世界图书馆探访接近尾声之时，我来到了这座留有博尔赫斯气息的图书馆。对于地球另一端的未知图书馆，我始终心怀憧憬，如今迫切的愿望终于得以实现，反而觉得心里有一点空虚和手足无措。我对超现实主义者博尔赫斯长久以来的向往也终于变成了现实。

巴勒莫公园号称"布宜诺斯艾利斯之肺"。穿过巴勒莫公园，就能看到这座图书馆，这座建筑与我去过的世界上任何一个图书馆都不一样，其独特的外观让人叹为观止。这栋建筑就是所谓的"野兽派"建筑。野兽派建筑有三大优点：坚固、工程造价和管理费低廉、实用性强。这座图书馆建筑的花费不多，但装饰物看上去并不廉价，反而很有格调。图书馆主体建筑采用了裸露混凝土的施工方法，建筑的下半部分看上去非常粗糙，简直就是一个混凝土块；而建筑上部的阅览室为了借助自然采光，四周镶嵌了蓝色的玻璃，看上去别致又神秘，让人们对图书馆充满了期待。

这座图书馆的诞生与阿根廷的独立运动有着直接联系。阿根廷曾是西班牙的殖民地，后来阿根廷人民以1810年拿破仑进攻西班牙为契机，举起了"五月革命"独立运动的大旗。在独立运动过程中明确了建立国家图书馆的必要性，并于同年9月成立了国家图书馆。革命的热情孕育了图书馆，而国家独立是在6年后的1816年才完成的，因此阿根廷是先建立了国家图书馆，后实现了国家独立。这一点与其他国家不同。为了实现国家独立，思想和知识的普及是必需的，这一认识真可谓有先见之明。

阿根廷国家图书馆就是在这样意义深远的历史背景下诞生的，此后这座图书馆也与这个国家曲折的政治史形成了不可分割的关系。

国家图书馆正门依旧保留着阿根廷独立的气息。

图书馆附近坐落着美丽的巴勒莫公园。一位遛狗师娴熟地带着一群狗狗出来散步，别有一番风趣。

其中的重头戏就是博尔赫斯和艾薇塔的故事。此二人是死对头，在艾薇塔的丈夫胡安·贝隆（Juan Domingo Perón）执政初期，博尔赫斯因批评他的民粹主义政策而被市立图书馆开除，丢掉了图书馆管理员职务（1946）；直到胡安·贝隆下台、新政权执政后，博尔赫斯才有机会被重新起用，成为国家图书馆馆长（1955）。18 年后，贝隆再次执政，博尔赫斯主动辞掉了图书馆馆长一职（1973）——他体内崇尚自由的灵魂自然无法与极权主义者贝隆并存。图书馆内部收藏着与博尔赫斯有关的遗物，外部立有艾薇塔的铜像；在数十年后的今天再看二人的共存，想来也并非毫无道理。随着岁月的流逝，图书馆治愈了这个国家的历史创伤，而这也绝非偶然之事。

在博尔赫斯任馆长期间，国家图书馆馆址在另一位置。1962 年，他向总统提交请愿书，希望将图书馆迁移到现在位置进行重建，最终获得批准。至此，博尔赫斯成了现图书馆建筑的主办人——现址

图书馆的外观除去了烦琐的装饰物，野兽派的风格尽显。上部的阅览室采用了蓝色玻璃，为建筑整体增添了几分精致和神秘。

其实并不是普通之地。

　　阿根廷与韩国不同，总统府和官邸是分开的。艾薇塔任第一夫人时，总统官邸就位于图书馆现址上。艾薇塔在这里生活了6年，最终也在这里度过了人生的最后一刻。她的尸体经防腐处理后在这里静置了3年。1955年贝隆被赶下台，新掌权者将国民偶像艾薇塔的尸体移出并运往意大利。残留着艾薇塔气息的总统官邸也被拆除，改建为公园。新掌权者所做的这一切，都是因为害怕出现艾薇塔追悼热潮，从而使这里变成艾薇塔的象征，被追崇者们神化。

　　也就是说，在决定建立新图书馆时，同一位置上本来建有一座公园。图书馆建筑的地基在9年后才得以建立。直到1992年，决定移址的30年后，该图书馆建筑才最终得以竣工。这可能主要是因为当时的政治局势不稳定，经济状况也十分不乐观。副馆长艾莎·巴伯对我说道："新建的国家图书馆拖延了这么久才得以完工，真是令人惭愧。"我将博尔赫斯短篇集《虚构集》的韩文译本展示给她，由于磨损较为严重，她便询问了这一韩文译本的出版年代。我回答说是 1994 年，并告诉她韩国有很多博尔赫斯迷，这让她惊讶不已。

走进宽敞的房间，墙上挂着历任馆长的肖像画，博尔赫斯的肖像画自然也在其中。博尔赫斯是伟大的小说家、诗人、阅读家，当我问到这里是否有他的藏书时，副馆长似乎早就料到我会有此一问，立马拖了一车书过来。博尔赫斯去世后，他的大多数藏书都捐赠给了博尔赫斯基金会，这里仅存有 600 多本。

博尔赫斯有一个异于他人的习惯，就是在扉页上记录于何时、何地阅读的这本书。他的母语是西班牙语，英语也达到了母语水平，而且还熟练掌握德语、法语、意大利语，从他的笔记中可以看出，他可以使用原书的语言做笔记。图书馆里还有一张他失明后母亲为他朗读书籍、代替他写评论的照片。

这个房间里摆放着博尔赫斯担任馆长时期所使用的书桌和移动式迷你书架，书架被完好无损地保存下来，上面的物品摆放就像他现在还在使用一样。虽然伟大的文豪离开了我们，但是留有他使用痕迹的桌子保存了下来，填补了 40 年岁月的空隙。

我与年迈的财务负责人玛丽亚·埃切帕雷波达也进行了交谈，我问她是否曾与博尔赫斯一起工作过，可惜的是她到图书馆工作

国家图书馆前的艾薇塔·贝隆全身像。

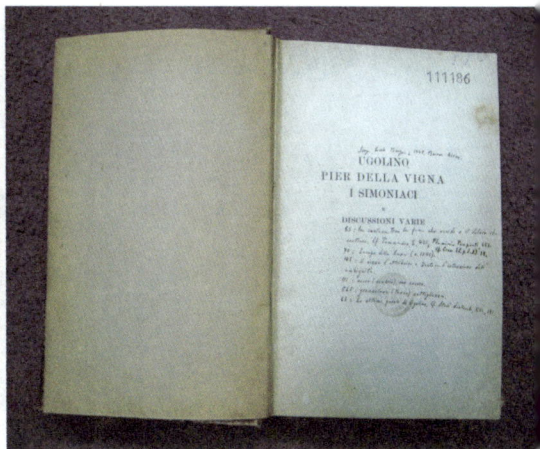

（左）老年博尔赫斯肖像画。
（右）只要是博尔赫斯读过的书，他一定会做笔记。他在失明后，还委托为他朗读书籍的母亲代笔写下他的笔记。

的时候博尔赫斯已经退休了。不过由于她住的地方距离博尔赫斯家很近，所以经常看到他在附近的圣马丁公园散步。博尔赫斯性格孤傲，而且散步后回家时，司机会把他送到家门口，所以她也从未跟他搭过话。

博尔赫斯在1941年42岁时采用幻想主义手法记述了一位失明的老图书馆管理员的独白，这就是小说《巴别图书馆》。博尔赫斯于1955年就任国立图书馆馆长时，几乎丧失视力，第二年就完全失明了。最终，这篇短篇小说成了"失明天才"预言性的自传小说。

联合国教科文组织将布宜诺斯艾利斯指定为"2011年世界书籍之都"，这与博尔赫斯有着不可分割的关系。在全城欢庆这一盛事的时候，阿根廷国家图书馆将各国大使馆和市民捐赠的3万本书籍堆砌成一尊规模巨大的装置美术作品，名为《巴别塔》，获得了全世界知识分子的一片喝彩。

图书馆正门前设有教皇若望·保禄二世的铜像。据说，生活在

　　图为博尔赫斯担任馆长时使用的书桌和移动式迷你书架。书架和书桌保存得完好无损，就好像在不久之前，博尔赫斯的手刚触摸过一样。

这里的波兰侨民为纪念祖国教皇到此访问，捐建了这座铜像。把象征灵性的教皇"请到"象征知性的图书馆前面，这个组合倒是别出心裁。身姿绰约的艾薇塔铜像、高举十字架的教皇铜像以及外形酷似宇宙飞船的图书馆建筑和谐融入同一幅画面当中，珠联璧合，浑然天成。我驻足良久，不忍离开。我将这位被称为"人类图书馆馆长"的博尔赫斯铭记心底，启程上路……

图书馆前矗立着教皇若望·保禄二世的铜像。

博尔赫斯，长眠于天堂图书馆

博尔赫斯是 20 世纪最具代表性的知识分子之一。他出生于世纪末的 1899 年，19 世纪随着现实主义小说失去生命力，漫天都是"小说时代已经结束"的流言。他将小说的对象扩展到"超越现实的幻想世界"，扩展到时间、空间、存在等形而上的哲学领域，从而使得小说热潮复活，是一位在文学史上里程碑式的作家。他的短篇作品以魔幻现实主义为基础，对后现代主义文学产生了巨大影响。

安伯托·艾柯（Umberto Eco）表示："两位大师给人类留下了未来 1000 年的生存方式。"其中一位是詹姆斯·乔伊斯（James Joyce），而另一位就是博尔赫斯。艾柯说道："新千年的形象就是'万维网'，乔伊斯是用语言构建，而博尔赫斯则用创意构筑。"博尔赫斯的时空观和迷宫网络成了当今网络的原型。

据悉，安伯托·艾柯的小说《玫瑰之名》中的"盲人图书馆馆长"就是以博尔赫斯为原型塑造的。米歇尔·福柯（Michel Foucault）也说过："读了博尔赫斯的文章，我感觉自己迄今为止的全部思想都渐渐分崩离析。"可见博尔赫斯是一位开创了 20 世纪文学新篇章的伟大作家。

博尔赫斯因反对贝隆政权而被迫害，又得了遗传性失明，他没有气馁和颓废，反而化悲痛为力量，创作出了更多伟大的文学作品。失明使他不得不放弃用肉眼看到的日常题材，开始追求用"灵魂之眼"才能看到的本质问题。他说："我一生都是一个带有神秘感的作家。当人们开始阅读我的作品时，我已经50多岁了。名声就像失明一样慢慢向我靠近，又仿佛那夏天缓缓落下的夕阳。"

　　不知从何时开始，他每年都被提名为诺贝尔文学奖的候选人，但最终还是没能获奖。每当这时，瑞典的诺贝尔奖就会遭到强烈谴责——由于博尔赫斯没能获得诺贝尔奖，反而使得诺贝尔文学奖的权威开始受到怀疑。由此可见他在世界范围内的影响力之大。

　　博尔赫斯出生在父亲的书房里，命中注定就是个离不开书和图书馆的人。11岁之前，他都是在家中接受教育，家里陈列着数千本书籍。他甚至说："如果有人问我这一生谁对我的影响最大，我会说是我父亲的书房。"据说，他小时候经常跟随父亲去国家图书馆看书，但由于性格腼腆，不好意思向图书馆管理员请教，只能常常阅读开放式书架上摆放着的《大英百科全书》。

　　"如果真的有天堂，那天堂一定是图书馆的模样"。"没有花鸟鱼虫的世界、没有小桥流水的世界是可以想象的，但没有书的世界是不可想象的"。对图书馆和书籍的热爱还有比这般表达更浓厚的吗？1986年，博尔赫斯在充满幼年回忆的日内瓦长眠，他的灵魂也许现在正在"酷似图书馆的天堂"中畅游吧！

阿根廷的火焰——艾薇塔！

军人出身的总统胡安·贝隆和第一夫人艾薇塔·贝隆。

艾薇塔·贝隆（Eva Perón）是阿根廷军人出身的总统胡安·贝隆的第二任妻子，艾薇塔（Evita）是人们对她的爱称。她出身于社会底层家庭，是母亲与已有妻室的农场主生下的私生女。艾薇塔长大后成为阿根廷的当红艺人，与劳动部部长贝隆过上了同居生活，他们两人的年龄虽然相差24岁，但是最后还是走进了婚姻的殿堂。1946年，贝隆当选为总统，艾薇塔倾国倾城的容貌和卓越出众的演讲能力为贝隆当选做出了巨大贡献。

作为第一夫人，虽然没有正式的官职或地位，但她成立了艾薇塔·贝隆基金会，带头建立医院、学校、养老院等福利设施，她展开的各项活动无异于当时卫生部或者民政部部长的工作范畴。艾薇塔为提高女性福利和权益也做出了很多努力。贝隆夫妇为劳动者和下层人民制定的各项政策，在如今被命名为"贝隆主义"（Peronism），是民粹主义的代名词。其夫妇二人在当时的人气可谓如日中天。但不幸的是，1952年，年仅33岁的艾薇塔因患子宫癌而去世，全体阿根廷国民深切地哀悼她，国葬持续了一个多月。

艾薇塔的超高人气使她在去世后也难以安眠。她的尸体经防腐处理后被安置在总统官邸。1955年贝隆下台后，新掌权者忌惮她的超高人气，遂将尸体运往意大利，最后移交到流亡西班牙的贝隆手上。1973年，贝隆戏剧性地再次掌权，并于次年去世。1975年，贝隆的第三任夫人伊莎贝尔·贝隆（Isabel Perón）成为总统，将艾薇塔的遗体从海

艾薇塔·贝隆长眠在古老的雷克莱塔家族墓地里。

外运回本国，安置在总统府。艾薇塔的尸体在国外漂泊20年后，最终得以落叶归根。伊莎贝尔自称是艾薇塔的接班人，最大限度地利用了她在阿根廷国民心中的人气，以获得民众支持。

一年之后，伊莎贝尔被驱逐出境，新政府又将艾薇塔的尸体运出总统府，安葬在地下6米的雷克莱塔家族墓地。艾薇塔在去世后24年才得以入土为安，这真是戏剧性的漂泊人生，命运坎坷啊！还有谁能比艾薇塔的人生更加变化无常呢？又有谁能像她这样深刻体会到权力的变化无常呢？

如今，雷克莱塔公墓是阿根廷最昂贵的公墓，已经成为旅游胜地。艾薇塔的墓地并不难找。在国内外游客聚集喧闹拍照的地方，有一块黑色大理石墓地，这就是艾薇塔的墓。那里一年四季都摆放着各色各样的花朵和书信，证明艾薇塔至今在人们心目中的人气依旧居高不下。具有讽刺意味的是，艾薇塔生前一直以"穷人的教母"而自居，如今死后却同富豪们一起躺在奢侈豪华的墓地里，估计这里也不算是一个可以让她安心长眠的地方。

爱因斯坦图书馆阅览室，这座图书馆被誉为"知识灯塔"之一。

用神话和知识点亮希望的小图书馆

巴西　乌拉圭

库里提巴 "知识灯塔"　乌拉圭国家图书馆

库里提巴植物园的前身是一座巨大的垃圾场，如今成了城市的旅游名胜。

站在海拔 900 米的世界级生态城市，库里提巴

　　有些巴西人把世界上的国家简单地划分为两类：足球强国和足球弱国。韩国属于哪一类呢？据说在 2002 年以前，韩国被列入足球弱国，之后便被列入足球强国行列了。

　　在韩日世界杯比赛中，韩国队凭借金球反超意大利队的那一瞬间，韩国人民陷入兴奋之中，那一画面我仍然记忆犹新。大概很少有人知道在同一时间，巴西整个国家也爆发出了响亮的欢呼声。因为巴西队是世界顶级的进攻型球队，他们最害怕的就是防守如铜墙铁壁般的意大利队。在安排对阵时，巴西队最忌讳的也是意大利球队。一直被巴西列入足球弱国的韩国队竟然一举战胜了巴西宿敌意大利队，这实在是出乎意料。最终，巴西队获得了世界杯总冠军。据说，在那之后的一段时间里，巴西人只要见到韩国侨民就会就此事对他们表示感谢。

　　我并非为了足球纪行而来，是世界级生态城市库里提巴（Curitiba）引领我来到这里。生态城市是指人与自然和谐相处、谋求可持续发展的城市。从圣保罗乘飞机飞行 50 分钟左右，就来到了这座海拔 900 米的城市——库里提巴。高原城市的清凉空气让游客们激动不已。

人本主义交流的中心
库里提巴的"知识灯塔"

　　库里提巴的公交系统别具一格，号称"地铁建在地面上"。在这里，公路的中央辟出一条公交专用的封闭道路，公交站台是玻璃圆筒状的，可与公交车相对接。同时这里还有众多关于环境再生、缓解贫困、复原文化遗产等独创性的设施，被《时代周刊》评为"最宜居城市"。这里的所有政策都是以人本主义为中心，即"以人为本"的信念来设计和执行的。在人本主义生态城市，图书馆当然是必不可少的。没有图书馆的人本主义，或者没有图书馆的生态城市，就像没有灯光的灯塔一样，只是徒有其表。我在这座城市游览，经常会看到别具一格的灯塔形状建筑，这就是相当于社区小图书馆的"知识灯塔"。

（左）圆筒形车站像地铁一样提前计费，以减少上下车时间。
（右）在地面上行驶的"地铁"——铰接式公交。

与蓝天融为一体的图书馆。

为什么要把社区小图书馆建成灯塔形状呢？聪慧的市民从历史中找到了图书馆的设计主题——公元前 3 世纪，世界上较早的亚历山大图书馆和亚历山大灯塔（世界七大奇迹之一）被埃及人合二为一，当时的图书馆和灯塔都是遵循托勒密一世的指令建造的，这给巴西社区图书馆设计带来了不少灵感。灯塔引导船只朝着正确的方向航行，图书馆作为知识的灯塔也引导着人们走上正确的道路，照亮整个世界，同一建筑中重复体现了两次建造理念。人们从历史中获取灵感，将图书馆的名字和外观打造成品牌，为小巧而平凡的图书馆赋予了深远的象征意义，并大幅提高了图书馆的认知度和亲和度。图书馆的建筑采用了红色、蓝色和黄色的原色，很是醒目，所以即便在远处也可以一眼看到它。

　　这里图书馆的位置也安排得非常独特，图书馆其中一扇门是通向小学、初中校园的，另一扇门是通向社区的。换言之，这里也是学生和居民可以共同使用的图书馆。还有一些图书馆的一扇门通向社区，另一扇门通向公园。虽然不同图书馆的各楼层功能略有差异，但大体来看，一般一层是图书室，陈列着摆满书籍的书架；二层是

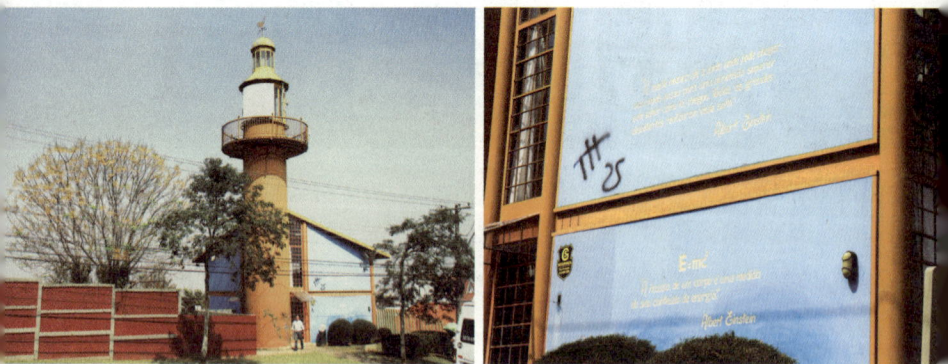

在社区内就看得到爱因斯坦图书馆。墙壁上印着爱因斯坦的相对论法则和签名。

互联网室，摆放着读书台和 5—10 台电脑；三层是治安监察部门，有警察常驻于此。巴西与韩国不同，拥有电脑的家庭不多，因此，互联网室能够缩小"拥有"和"没有"之间的数字鸿沟。同时图书馆还是举办话剧、童话、文化讲座等活动的文化中心。据了解，这里图书馆中会有五六名职员是学校教师和教育厅公务员，还有一些是市政府公务员。我所访问的图书馆馆长也兼任旁边小学的校长。

虽然各个图书馆略有不同，但大部分藏书量都在 5000 本以上，会员有 3000 余名，月均用户访问量在 1000 人次左右。虽然这座图书馆拥有综合数字网络，可以同时搜索多个图书馆的藏书情况，但并不能提供书籍配送服务。

这里的馆藏图书通常一半是由市政府统一采购的，剩余部分则

图为社区居民在使用图书馆网络服务，窗外绿影氤氲的风景和图书馆相互辉映，浑然一体。

根据用户的申请，从其他图书馆购入。各个图书馆以著名科学家或文人的名字命名，既提高了图书馆的知名度，也可以此作为训谕，可以说是个非常好的创意。

在这里的平民和贫民所居住的郊区分布着50多座"知识灯塔"，对于那些容易被知识和信息疏远的人们来说，"灯塔"阳光普照般散发出同样的光芒，知识的光芒不会因人而异。此外，"灯塔"还为这些人提供了接触教育、文化和互联网的机会，成为国家"以人为本"哲学信条的典型体现。与韩国社区图书馆相比，"知识的灯塔"虽然条件有限，但它们真正关心市民的"人本主义哲学"和"品牌化"创意是值得学习的。从这一层面来看，库里提巴才可称得上是真正将口号付诸了实践，即"图书馆是最好的社会福利政策之一"。

亲切温柔的爱因斯坦图书馆馆长和工作人员。

"勇猛的乌拉圭啊，
用智慧来武装自己吧。"

　　无论是哪个国家，硬币和纸币上往往都刻有本国英雄的图案，乌拉圭也不例外。乌拉圭 10 比索硬币流通量最大，上面印着独立英雄阿蒂加斯（José Artigas）的头像，硬币背面刻着的这句话让我刻骨难忘：

　　乌拉圭的人们啊，有多么勇猛，就用多少智慧来武装自己吧。

　　将阿蒂加斯的名言印刻在硬币上也许多少会让人觉得有点突兀，这句话是什么意思呢？要想取得独立运动的胜利，只靠勇猛远远不够，还要拥有足够的知识和智慧，保持头脑清醒。换言之，就是不能光进行武装斗争，还要多动脑筋，文武兼备。

　　从地球仪上看，乌拉圭与韩国的地理位置正好相对，也就是说，朝鲜半岛同乌拉圭的连线刚好穿过地球中心。阿蒂加斯将军积极组

乌拉圭的 10 比索硬币，以此来赞扬国民英雄阿蒂加斯。

站在蒙得维的亚独立广场正中央的何
塞·赫瓦西奥·阿蒂加斯骑马铜像。

织本国独立运动，乌拉圭最终于 1828 年从巴西独立出来。上述名言是阿蒂加斯将军在 1816 年创建国家图书馆时所说的话。按理来说，将军似乎应该强调"勇猛"，但是乌拉圭的民族英雄反而更强调"知识和智慧"。这样的句子刻在国民生活中比比皆是的硬币上，可能意义更加深远。

　　首都蒙得维的亚市中心的独立广场上，阿蒂加斯高大的骑马铜像正向下俯瞰地面。在铜像所在位置的地下，埋葬着他的遗体。这个地方相当于韩国为民族英雄李舜臣将军设立铜像的位置，具有十分重要的象征意义。

　　从铜像的位置一直向前延伸到中心街道，路边就是乌拉圭国家图书馆。这是一座新古典主义风格的建筑，规模较小，藏书只有 100 万本。希腊侨民捐赠的苏格拉底铜像和《堂吉诃德》的作者塞万提斯（Miguel de Cervantes）铜像屹立在正门两侧，向国民宣告着知识和智慧的连城之价。

　　（左）图为守卫在国家图书馆前的苏格拉底和塞万提斯铜像。
　　（右）由于我们访问那天正好是休馆日，所以没能走进图书馆内参观，我只是在紧闭的国家图书馆正门前默默瞻仰了良久。

何塞·马蒂国家图书馆的参考资料室。

引导革命成功的力量

古巴

何塞·马蒂国家图书馆

在哈瓦那市中心的书报亭摊位上，摆放着许多切·格瓦拉、海明威、卡斯特罗兄弟（菲德尔·卡斯特罗、劳尔·卡斯特罗）的书籍。

穿梭回过去的时间旅行

　　时光荏苒，我们在电影中得以见到的老爷车在这里首都的中心街道上行驶着，汽车和马车在大街上并排赛跑。不论是餐厅还是街角，这里的音乐声不绝于耳，各式舞姿此起彼伏。恋人们恣意拥抱着、亲吻着，毫不避讳。在陈旧的小巷子里，市民脸上总是挂着灿烂的笑容，时不时来一杯"莫吉托"——一种以朗姆酒为基酒的鸡尾酒，甜甜地浸润一下喉咙，微妙的雪茄味令人鼻尖发痒。这个美丽又无忧无虑的地方就是加勒比海上的一颗宝石——古巴。

　　来到这个国家，切·格瓦拉和海明威几乎随处可见，就连机场也毫不例外。古巴以发展生态都市农业而著称。20 世纪 90 年代美国加强封锁，导致古巴爆发粮食危机，为克服粮食危机，古巴政府致力于发展生态都市农业。

　　古巴曾经是第三世界革命的发源地，但现在取而代之的是开放的浪潮。浪漫的古巴也在不断变化，每天都有新的发展。

珍存着抵抗和革命精神
何塞·马蒂国家图书馆

何塞·马蒂国家图书馆（Biblioteca Nacional de Cuba José Martí）于1901年成立。古巴于1902年得以完全独立，所以图书馆的建立比国家独立更早实现。何塞·马蒂是一位领导独立运动的传奇英雄，被推崇为民族诗人，在其领导的独立战争中阵亡。从图书馆的名称、位置上就可以看出该图书馆的象征意义。哈瓦那革命广场的中心位置上，有一座高达109米的革命纪念塔以及一尊何塞·马蒂石像。切·格瓦拉的脸部特写雕塑隔着广场与纪念塔相望，他在离开古巴时写给卡斯特罗的一封信上有一句话，一直激励着古巴人民："直至永恒的胜利！"

革命广场是国家精神的象征，独立英雄何塞·马蒂和革命英雄切·格瓦拉分别位于广场的两侧。两位国家英雄赋予了国家图书馆独立和革命的意义。图书馆原本位于其他地方，1959年革命后才被迁移到现在的位置。

何塞·马蒂国家图书馆最引以为豪的是其地图图书馆。地图图书馆收藏有哥伦布首次登陆美洲大陆时绘制的地图以及2.5万多种珍稀版本的地图，堪称拉丁美洲之最。此外，这里的照片资料、美术资料、音乐资料也比较丰富。这里还收藏有何塞·马蒂的作品及其相关书籍1000多本，国宝级文献2000多件，藏书量达800多万本，为中南美洲第一，这点也让他们颇为自豪。

何塞·马蒂国家图书馆能够指导调配全国400多个公共图书馆，为国民阅读和获取知识信息提供便利，这使得图书馆的教育功能大大提高。20 世纪 50 年代，古巴的文盲率超过 20%，如今这一数字已降到 2%。何塞·马蒂非常重视教育，他说："一手拿书，一手拿锄头！"这个口号体现了古巴读书和劳动并重的特点。

古巴国家图书馆全景。图书馆前面也是老爷观光车的中途停车点。

屹立于革命广场上的何塞·马蒂石像和革命纪念塔。

走进图书馆大厅，独立英雄何塞·马蒂的半身像正向来访者表示欢迎。

　　图书馆内设有俄罗斯资料室，从中可以看出过去古巴与苏联的密切关系。馆室里还悬挂着陀思妥耶夫斯基、托尔斯泰等俄罗斯作家的肖像。

　　图书馆相关职员正在修复受损资料。该图书馆不愧为中南美洲规模最大的图书馆，对收藏资料的维护和修复工作也做得非常到位。

充满领袖魅力的革命象征
——切·格瓦拉

切·格瓦拉的魅力光芒四射。在古巴随处可见印有切·格瓦拉肖像和名言的商品。

　　世界上没有一个人能像切·格瓦拉那样在年轻人心中占据举足轻重的地位，且散发出熠熠光辉。韩国的青年男女也不例外。我穿着印有他肖像的T恤，漫步在大学校园里，又徘徊在大街上，心里思索着这座城市和自己胸前的切·格瓦拉。在这座城市中随处可见的切·格瓦拉肖像给人的印象极为深刻：他深陷的眼眶中的乌黑瞳孔就像星光一样晶莹，如激光一般强烈；他拥有乌黑的眉毛和胡须，凌乱的头发从那顶戴在头上的黑色贝雷帽两侧自由地伸展出……现在年轻人追捧的正是他坚定的信仰与对理想的无限追求。

抵达首都哈瓦那国际机场后，印有切·格瓦拉肖像的旗帜、衬衫和书籍封面比比皆是，夹道欢迎着各国游客。"切"（Che）是"嘿，朋友！"的意思，这是他本人后来改的名字。无论是城市还是乡村，壁画、海报、书籍、杂志封面、画报集、购物袋、道路广告牌、徽章等各种纪念品，甚至街头上的涂鸦，都是这位充满魅力的男子的面孔。在南美洲其他国家和欧洲的足球场上，也经常能看到印有他头像的大旗迎风飘扬。

23 岁时的切·格瓦拉曾和朋友驾驶一辆旧摩托车游历拉丁美洲的各个国家，目睹了民生多艰，这成为他投身革命的直接原因。《摩托日记》中，他记录了这段游历故事，他写道："组织整理这些文字的我将不再是以前的我。流浪在我们伟大的美洲大陆上，我早已变得和之前判若两人。"

切·格瓦拉之所以深受世界各国人民爱戴，是因为作为革命家，他放弃了光明灿烂的大好前程，不惧死亡；作为医生，他放弃了舒适安逸的生活，满怀牺牲精神；更大程度上是因为他那坚毅勇猛又充满领袖魅力的容颜和高尚纯洁的品质。

古巴文学和风流文雅人士
——欧内斯特·米勒尔·海明威

在外国游客眼中，古巴最具魅力的商品代言人当然是欧内斯特·米勒尔·海明威（Ernest Miller Hemingway）。对于游客来说，没有海明威的古巴简直难以想象；海明威的存在使古巴的观光之旅变得更加美丽、更有价值。海明威非常喜欢古巴，他后半生的 28 年在古巴留下了众多足迹。如今，这些印迹已成为热门旅游资源，吸引着全世界的游客。加勒比海的暖风习习，轻轻拂过这座岛国。在这里度过余生 28 年的海明威，每天的生活除了写文章，还会去钓钓鱼，到了晚上便会饮上几杯甜甜的莫吉托，沉醉于这座城市的朦胧气氛中，就这样，他享受着惬意的生活。

创作于古巴的小说《老人与海》获得了诺贝尔文学奖和普利策奖，这是实至名归的。故事发生在距离哈瓦那十多公里远的一个僻静的渔村。海明威经常在这里乘船出海钓鱼，在他听闻了一位老人的故事之后将其写进小说。在这位伟大的作家曾经吃饭、喝酒的海滨餐厅里，总是顾客爆满。离海边不远的地方有一栋民房，以前是海明威的住处，现在被作为海明威纪念馆迎接八方来客。纪念馆里陈列着许多书籍和动物标本，还原了海明威生前卧室、浴室、餐桌的摆放状态，就好像现在也仍然有人居住一样。纪念馆不允许游客进入，到访游客只能在外面透过玻璃窗远远地参观。纪念馆的室外游泳池里还展示着海明威用过的钓鱼船。

海明威在哈瓦那市中心的孟多斯旅馆里生活了7年，旅馆粉红色的外观甚是温馨浪漫。大厅里的海明威亲笔签名和照片明显为这家酒店带来了名气和收益；他曾经居住的511号房间里摆放着他使用过的打字机和钓鱼竿，游客站在这里仿佛可以感受到这位著名作家的气息。

这里最热闹的地方要属海明威常去的酒馆了。伟大的文学难道都离不开酒精吗？海明威经常光顾的酒馆叫"小佛罗里达酒馆"，酒馆在他曾经经常喝酒的地方立起一座他本人的铜像。游客通常在此举起这位作家喜欢喝的莫吉托和代基里与同伴一起干杯，体会与浪漫作家一起喝酒的心情。

我从哈瓦那回来后，时隔40年又重新打开了《老人与海》这本书。海明威依旧在借老人的角色呐喊着："一个人可以被毁灭，但不能被打败。"

（左）孟多斯旅馆511号房展示着海明威曾使用过的打字机和钓鱼竿。
（右）小佛罗里达酒馆是海明威以前经常光顾的地方，他经常在这里点上一杯莫吉托鸡尾酒。如今，这座酒馆但天座无虚席、宾客爆满。酒馆角落里设有海明威铜像。

国家图书馆阅览室。

用图书馆筑起"万里长城"的国家

中 国

中国国家图书馆　北京大学图书馆

清华大学图书馆　上海图书馆

《四库全书》是中国国家图书馆四大珍贵典籍之一。

打开未来大门的图书馆

　　改革开放以来，中国的经济发展取得了举世瞩目的成就，文化教育领域发展欣欣向荣。中国掀起博物馆建设热潮已经有一段时间了。中国拥有着悠久丰厚的历史底蕴，兴起博物馆建设的热潮也是理所当然的。中国目前正在修建"图书馆万里长城"。中国的发展势不可挡，在图书馆领域也毫不例外。集中投资建设图书馆展现了中国面向未来的远大抱负和宏伟蓝图。

　　中国是一个什么样的国家？仅从某一方面来看，中国是一个发明了造纸术、拥有数千年文字使用历史的人类文明发祥地。这样一个泱泱文化大国大规模地发展图书馆建设事业是理所当然的。迎着中国图书馆发展的火热浪潮，我开始了中国图书馆纪行。亚洲旅行的第一站是从中国最具代表性的图书馆——国家图书馆开始的。

致力于"普适计算"的宝库
中国国家图书馆

一走进中国国家图书馆就能看见一条数十米长的走廊，走廊两旁展示着全国图书馆简介墙报。墙报介绍的是各省近几年建设起来的现代化图书馆，简洁美观。中国国家图书馆位于北京高校云集的海淀区，图书馆的藏书量达到 2400 多万本，其中珍本有 27 万本。如此之多的珍宝奇书值得自豪，更令人赞叹和羡慕，然而这也仅仅只是其流传下来的一部分文化瑰宝，仍有大量宝物散失在英国、法国等地，甚至还有的不知所踪，尚在找寻。

中国国家图书馆正在进行珍贵书籍数字化的工作。对珍贵古籍进行数字化处理后，读者可以使用电脑屏幕浏览古籍，而古籍原件则可以保存在书库中，使其得以保护。读者通过这种方式还可以欣赏到带有鲁迅等知名人士笔迹的书籍。此外，该图书馆还致力于打造一个可随时随地查阅资料的"普适计算图书馆"。通常情况下，这里珍贵的《四库全书》原稿在每年的春节和 10 月份国庆节期间会进行为期一周左右的展出，读者可以透过玻璃窗进行欣赏，平时非展出时间则可以在开放式书架上借阅其影印本。储存着大量珍贵原件书籍的书库门前两侧有秦始皇兵马俑"守护"，他们横眉冷对、表情严肃。

中国国家图书馆新馆于 2008 年完工，外观时尚大气、内部设施智能化，是国图人的骄傲。来访人员一般都在这里阅览图书。进入新馆大门，中央有一个宽敞开阔的大厅，气质不凡；其内部的设计也与时俱进，走在世界前列，放眼望去，各楼层尽收眼底，中间由螺旋状阶梯连接而成。内部的天花板整体采用了明亮且充满活力的色调，室外的自然光通过四周的透明玻璃墙射入馆内。在如此宽敞明亮的中央大厅阅览室里，人人都埋头沉浸在知识的海洋之中，这里几乎没有空位。

图书馆内设有智能索引系统，只要在电脑搜索系统中输入想要查询的资料，就可以得知资料所在的书架。我告别新馆，向主楼走去。看到主楼附近有一栋类似公寓的建筑，我就随口打听了一下是什么公寓，得知是图书馆员工的公寓，这让我感觉很意外。我探访过世界上大大小小无数个图书馆，带有员工公寓的图书馆还是第一次见到。

中国国家图书馆会向行政部门和全国人大等立法机关提供信息咨询服务。中国没有独立的立法机构图书馆，国家图书馆同时也兼任了立法机构等部门图书馆的角色。据介绍，目前国家机关各部委

国家图书馆雄伟庄严的主楼。后面的两幢高楼是藏书楼。

图为国家图书馆阅览室。新馆中央大厅的座位安排井井有条，令人印象深刻。

的图书馆分馆正在建设中。此外，国图还为中国工程研究院院士、中国科学院院士和百余名顶级专家提供"绿色通道"查询服务。

该图书馆有 1400 名职员，日均用户足足有 1.2 万人次，一年 365 天没有休息日。这里与世界 117 个国家的 557 个机构达成资料共享，是全国 558 个机构进行资料借阅的中心集结地。国家图书馆收藏了世界 115 种外国文字制成的外文资料，占全部藏书量的一半左右，是货真价实的国际化图书馆。韩国资料收藏在该图书馆的主楼，馆方购买了 30 种韩国期刊，还与韩国国会图书馆、国立中央图书馆共享 100 余种期刊。该馆与朝鲜人民大学习堂和金日成大学图书馆之间也实现了资料共享。

中国国家图书馆的前身是京师图书馆，始建于 1909 年。从 1916 年起开始正式接受国内出版物呈缴本，期间曾数次迁址、更名。1931 年规模宏大的分馆（现国家图书馆古籍馆）落成，开馆仪式可谓群贤毕至，鲁迅、梁启超等中国近现代史上响当当的人物都曾出席。1951 年图书馆改名为"北京图书馆"，由邓小平亲笔题名；1975 年在周恩来的倡议下，国家图书馆开始建设新馆舍，新建工程于 1987 年竣工。1998 年图书馆再次改名为"中国国家图书馆"，1999 年江泽民为图书馆亲笔题字。

（左）2008 年新馆建成。新馆外观设计简约大气，同时兼具艺术性和实用性。
（右）图书借阅机器前排队借书的读者。

　　江泽民题写的"中国国家图书馆"题字(上图)和邓小平题写的"北京图书馆"题字(下图)。

四大"镇馆之宝"

　　《四库全书》《敦煌遗书》《赵城金藏》和《永乐大典》被誉为中国国家图书馆的四大镇馆之宝。《四库全书》是清朝乾隆皇帝下令搜集天下所有书籍编纂而成的集大成之作，是饱含东方思想精髓的宝贵资料。《四库全书》共收录古籍 3503 种、装订成 3600 余册，分为经（经书）、史（史书）、子（先秦百家著作）、集（文集）四部分，并附上了题解编制，乾隆皇帝还命人抄写了其中的一部分。宫廷中收藏 3 套，民间收藏 4 套，共存 7 套。其中原存于热河行宫文津阁的版本至今一直收藏在中国国家图书馆内。《敦煌遗书》是在敦煌莫高窟发现的一部古书，对研究古代中国、中亚、东亚等地区的历史、宗教、考古等都是不可多得的宝贵资料。《赵城金藏》是宋金时期完成的佛教大藏经之一。《永乐大典》是明朝永乐皇帝下令编纂的一部中国古代典籍集大成之作。

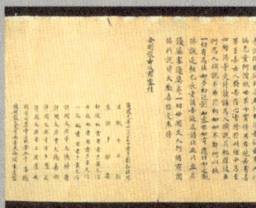

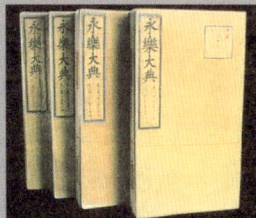

中国国家图书馆四大"镇馆之宝"。

革命长征第一步
北京大学图书馆

　　北京大学图书馆曾经留下了毛泽东、李大钊等中国革命先烈的足迹。可以这么说，北大图书馆是建设现代中国进程中的信念基石。1918—1919年间，刚到北大图书馆工作的毛泽东兼任图书馆馆长李大钊的助教，谁又曾想到数十年后他竟然会成为一个超级大国的国家领导人。未来的伟人在图书馆里安静踏实、不分昼夜地为将来做准备。图书馆里的千锤百炼最终指引他投身革命事业。由此可见，毛泽东在中国共产革命长征中的第一步是在图书馆迈出去的。

　　毛泽东受马克思主义者李大钊馆长的影响，学习了共产主义理论。当年毛泽东在师范学校的恩师曾经在北京大学担任教授，毛泽东找到这位教授并拜托他帮自己寻一个职位，这才成就了他和北京大学图书馆的缘分。毛泽东在这里结识了李大钊等仁人志士，阅读了大量书籍，并最终沉迷于研究马克思、列宁主义理论，成为一名共产主义者。在此之前，他还在故乡的图书馆里读过很多书，即使在晚年视力下降的情况下，他还找人为他读书。毛泽东真可谓是图书馆里塑造培养出来的伟大人物。

　　北京大学成立于1898年，是中国最早的国立大学，且教学水平居国内顶尖水平。在新文化运动、五四运动等中国近现代史的关口，北京大学学生都曾参与，可见该校学生的社会参与意识是非常强的。该校在文学、史学、哲学等人文类学科方面在国内名列前茅，法学和自然科学等基础科学也处于全国较高水平。

　　我走过古色古香的北京大学西门，进入了燕园校园。西门悬挂的牌匾上刻印着毛泽东主席手书的"北京大学"四个字。这里门前两侧的石狮雕像是圆明园内的文物。西门是北京大学的象征之一。北京大学的标志性建筑是被称为"一塔湖图"的一塔、一湖和一图书馆。图书馆本身成为名胜这件事就不同于其他各地的图书馆。这里所说的"一塔"指的是博雅塔，代表北京大学的精神；"一湖"指的是未名湖，代表北京大学的胸怀；"一图"即图书馆，代表北京大学的头脑。水雾弥漫的湖面上倒映着高高的博雅塔，营造出一种神秘之感。博雅塔共13层，高27米，只在建校纪念日对外开放。

由于未名湖是人工湖，所以没有名称。为了给它取一个合适的名字，知识分子纷纷出马，最终"未名湖"这个名字"中标"。在我看来，湖水的名字比湖水本身带来的余韵更加浓厚：不是"没有名字的湖水"（无名湖），而是"尚未命名的湖水"（未名湖），颇有妙趣。这可真是一个令人拍案叫绝的名字，"不知何时会命名"

中国顶级名校北京大学图书馆全景。

图为北京大学的标志性景观——未名湖和博雅塔。黄昏时分，未名湖瑰丽宁静的景色，使人自然而然地陷入沉思。

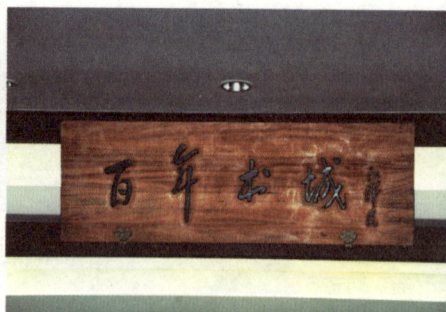

图书馆屋檐下悬挂的邓小平题字（左图）和江泽民题字（右图）。

曾担任北大图书馆馆长的李大钊。

的深切含义凸显了取名人的谦虚。未名湖之所以能够得到北大学子们的喜爱，我想应该有很大一部分原因得益于这湖水的名字吧！未名湖畔，三三两两结伴而行的学生在湖边有说有笑地漫步；湖畔边的长椅上，有的学生独自凝望着湖光塔色。博雅塔和未名湖相互辉映成趣，是北大名胜中的一对绝美璧人。

图书馆为什么成了学校的一大景点呢？我怀揣着好奇心来到了图书馆。图书馆主楼的飞檐首先映入我的眼帘，飞檐雕梁画栋、气势雄伟却低调内敛，毫不夸张。图书馆前面有很多游客在拍照，这似乎也印证了图书馆确是北大校园的一大景观。

北京大学图书馆门口立有北大首任校长严复先生的半身像。在雕像正下方的铜板上刻着严复先生的名言"兼收并蓄，广纳众流"，意为"接受所有不同思想"，这与图书馆的理念相吻合。图书馆才是真正拥有学术和思想自由的空间。因此，图书馆的入口处安置了严复先生的半身像。

该图书馆藏书量达 700 万册，其中 2/3 已完成数字化工作，拥有 200 多万种电子图书和 4 万多种电子期刊，24 小时服务休系，用户可以在学校任何地方、任何时间查阅使用。据说图书馆里总是学生爆满，座位"争夺"非常激烈。

北大图书馆阅览室。

热爱中国的埃德加·斯诺

　　埃德加·斯诺是一位热爱中国的美国记者。从 1934 年 10 月开始，他随毛泽东在一年时间里穿过 18 个沙漠，越过 24 条河流，行军超一万公里。他是第一位采访毛泽东的西方记者，其所著的长征纪实作品《红星照耀中国》首次向世界介绍了毛泽东这一伟大的中国革命领袖。埃德加·斯诺在去世前留下遗言："如我生

未名湖附近的埃德加墓碑。

前所经历的生活一样，我想把我身体的一部分留在我深深热爱的中国。"按照他的遗言，他的骨灰一半被埋在美国，另一半被埋在了北京大学未名湖岸边（中国埃德加·斯诺研究中心附近）。他的墓碑上写着"中国人民的美国朋友埃德加·斯诺之墓"，令人动容。斯诺的夫人尼姆·威尔斯也是一位作家，曾撰写过抗日战士金山的生平传记《阿里郎》。

实事求是的哲学
清华大学图书馆

    清华大学与北京大学在各方面都呈现出迥然不同的特点，究其原因，我想其中一个大概与其拥有大量海归人员有关。回顾清华大学的建校背景，我们就能了解其中的缘由。1901 年，中国被迫与西方列强签订了丧权辱国的《辛丑条约》，条约中规定了赔偿列强巨额款项。经中美双方多次商谈，确定将其中一部分赔款退还中国用于办学，作为留美预备学校，于是清政府于 1911 年设立了清华学堂，这就是清华大学的前身。清华大学聘请了曾留学海外的科学技术领域著名学者来教学。

    经由历史悠久的清华大学二校门，我来到了图书馆门前。三座建筑相连的图书馆前面，密密麻麻地停着数百辆自行车，真是一项奇观！我从未在其他图书馆见过这么多自行车。想来是因为校园面积太大，才使得自行车成了学生生活学习所必需的代步工具。这里的学生宿舍和图书馆距离 4 公里，所以即便不背书包，在清华校园内没有自行车也是寸步难行。当然，校内有自行车修理处和为游客准备的自行车租赁处。

    走进图书馆，金光闪闪的校训十分夺人眼球——自强不息，厚德载物。这句话选自《周易》："天行健，君子以自强不息；地势坤，君子以厚德载物。"我认为，清华大学实事求是的学术精神和明理节制的生活习惯就是来源于此。这句话也刻在了图书馆正门前的大理石上。清华大学正门的校名牌匾由毛泽东的题字刻制而成。

    尽管访问图书馆的那天是休息日，薛芳渝馆长仍然亲自带领我参观了图书馆。据了解，这里馆藏书量达 350 万册，包括图书、期刊和非图书资料。该图书馆正积极进行所藏资料的数字化工作。据介绍，清华大学图书馆拥有 400 多种网络数据库、5 万多种中文及外语电子期刊、200 多万种电子图书等电子资料，无论是在校内，还是在校外，都可以便利地查阅使用。薛芳渝馆长说，1990 年中国首次引进了自动化系统，中国教育部的网络系统管理中心就设在清华大学。比起新一代 IT 领域的基础研究，清华大学更注重以应用科学为中心，集中培养理工学科专业人才，所以他们将精力集中到图书馆数字化事业上也是理所应当的。

清华园。

图书馆前的自行车。

图为清华大学图书馆阅览室。中央大厅的天花板宽阔明亮，两侧是二层的阅览座位。绿色藤蔓植物随二层墙壁自然垂落，十分美观。

名牌大学之间的较量
——北京大学 vs 清华大学

　　北京大学和清华大学一边引领中国向前不断发展，一边围绕着"到底谁才是中国最顶尖的名牌大学"这一命题展开激烈竞争。两所大学在各个方面都形成了鲜明的对比：北大属于社会参与型大学，清华则重点培养学生的个人能力，所以北大的座右铭是"爱国、进步、科学、民主"，而清华的座右铭则是"自强不息，厚德载物"；北京大学的人文学和基础学科发展势头强劲，而清华大学则是应用科学实力超群；北京大学氛围自由而清华大学纪律严格，等等。这两所大学的学风形成鲜明对比。

　　若是问哪所大学更好，本校学生自然都会"自卖自夸"。其实两所大学实在是势均力敌、难分伯仲。试想如果北大、清华两所顶尖高校合并，会不会出现中国更高水平的大学呢？其实也不尽然，合并后固然会成就一所中国更高水平的大学，但二者的办学理念和办学特色大相径庭，贸然合并势必会抹杀掉他们各自的精神和个性。就好比芝麻油和苏子油混在一起，并不能创造出新的美味一样。

矗立在经济中心的知识高楼
上海图书馆

　　上海图书馆高 106 米，共 24 层。高耸入云的两座高塔像巨人张开双臂，对到访者表示热烈欢迎。该图书馆建筑的整体形象看起来像一艘帆船，象征着人类对知识的不断追求。从图书馆外观到内部，都在突出强调知识的重要性，这是上海图书馆的最大特点。图书馆是收集、加工、运用、保存和传承知识信息的机构，一本书籍就像一个"知识便当盒"。没想到在中国的商务中心上海会遇到这样一座高度重视知识价值的图书馆。且不说这座图书馆的其他优点，单单这一点就深合吾意。

　　走进上海图书馆，内部大厅的中央庭院中设立有孔子像，旁边用植物拼出"求知"字样的景观。

　　《论语》中第一句内容是"学而时习之"，孔子的众多教诲中，首先强调了学习的重要性。人类与动物的几大主要区别之一也是人类具有学习知识的能力而动物没有。人类因为能学习、掌握并运用知识，每天都在进步、发展，纵观人类发展史，我们可以看到人类

位于中国经济中心的知识殿堂——上海图书馆。

上海图书馆高 106 米，向世人强调着知识的重要性。

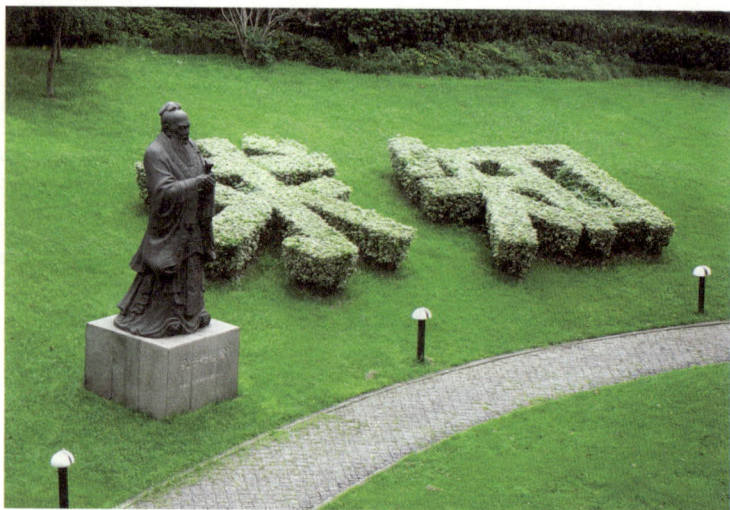

中央庭院里矗立着孔子像，旁边是由植物拼出的"求知"字样景观。

社会的不断发展和巨大成就。沿着走廊漫步，我看到了一面巨大的墙壁，上面用 20 多种语言写着："知识就是力量"。我向馆长询问韩语的句子在哪里时，馆长推开一个大型花盆，韩文的"知识就是力量"便出现在眼前。上海图书馆对知识价值的强调还不止于此。图书馆前的广场还设有"知识广场"的牌子，旁边矗立着《思想者》大型雕塑。

上海图书馆吴建中馆长从头到尾都亲切地向我做各种介绍。他首先自我介绍说自己是负责上海世博会企划工作的世博会专家和图书馆研究员，曾编纂过两本介绍世界各国图书馆建筑的著作。

1995 年上海图书馆与上海科学技术情报研究所合并成为集科学、技术、研究于一体的图书馆。长长的走廊上挂着许多上海科学院著名科学家的照片，从这里也可以从侧面看出该图书馆对科学技术的重视。

如果说北京是中国的政治中心，那么上海就是国际商业、金融

我在走廊墙壁上看到的韩文"知识就是力量",文字传递出来的力量气吞山河。

和经济中心。与此相符,上海图书馆也向世人展示了其国际化面貌。该图书馆订阅了 100 多种外国报纸、6000 多种外国期刊,收藏了大量外国书籍,与世界著名图书馆开展着广泛活跃的交流活动。上海图书馆与韩国国会图书馆也签订了信息交流协议,双方承诺实现资料共享和人员交流,维持着密切联系。

上海图书馆的藏书规模和面积均居世界前 10 位。职员有 800 多名,分馆数量超过 200 个,总藏书量为 5500 余万册。其中家谱收藏量居中国首位,超 18000 份。

上海图书馆还保存着 8000 多份科举试卷、15 多万份碑文及拓本和 170 多万册古书。其中仅国家指定的文化遗产就超过 1000 多件。值得骄傲的是,这里古书的维护、复原技术已经达到了相当高的水平。图书馆还拥有中国最早对外开放的电子书(e-book)共 38000 本。这里的数字图书馆项目也在不断向前推进,具备了作为"现代图书馆"的必要条件。

透过中央大厅内部拱形天窗可以看到天空。白天自然光从这里照进馆内，晚上则可以在这里观赏璀璨星河。

　　从图书馆中央大厅透过拱形天窗可以看到湛蓝的天空，白天自然光通过天窗射入馆内，晚上璀璨的星光也通过天窗缓缓流入。该图书馆周围环绕着 11000 平方米的大面积绿化带，意在彰显图书馆是文化绿洲这一深层含义。

仿照竹简制作的雕塑。

日本国立国会图书馆东京分馆的内部视野敞亮。

图书馆强国

日　本

日本国立国会图书馆

　　日本对于韩国来说是一个似近非近、似远非远的国家。我来到日本首都东京，看到了这里清澈湛蓝的天空以及高楼大厦在天空映衬下的美丽轮廓。

保留历史的图书馆体制

　　在图书馆和书籍管理方面，日本绝对可以位列世界发达国家行列，因为很多日本人喜欢读书，所以日本的图书出版活动也十分活跃，图书馆事业也一直在均衡平稳地向前发展。以城市地区为例，很多社区图书馆步行 10 多分钟就可以到达，社区图书馆与大型图书馆相比较，受规模的限制，他们并没有将发展的重点放在增加阅览座位上，而是更重视图书的借阅业务。在此次旅程中，我将访问在众多图书馆中具有代表性的日本国立国会图书馆。

　　这座图书馆是日本唯一的国立图书馆，其体制与美国议会图书馆非常相似。日本也不像美国那样单独设立政府图书馆，而是由国会图书馆兼任政府图书馆。这是他们在 1947 年听取美国议会图书馆派遣团的建议而做出的最终决定。

知识带来财富
日本国立国会图书馆

"真理使我们获得自由"是日本国立国会图书馆刻在墙壁上最显眼的警句。东京分馆刻着这句话的日语版本，京都关西分馆刻着其英文版本。图书馆必须讲真理，真实信息就是图书馆的力量。这无疑是日本在向国内外宣布自己追求真理的决心。2008 年，日本国立国会图书馆时逢开馆 60 周年，"知识带来财富"的美好愿望也一起被刻在了图书馆里。

日本国立国会图书馆是根据《国立国会图书馆法》于 1948 年设立的，由帝国议会下属贵族院图书馆，众议院各个图书馆、文部省所属帝国图书馆等三个图书馆合并而成。国际图书馆协会联合会（IFLA）在世界 6 个大陆分别指定了 6 个资料保存中心，日本国立国会图书馆自 1989 年起被指定为亚洲的资料保存中心，负责向亚洲各国普及保存技术，并开展教育项目。

新馆书库位于我们参观的主楼一侧，地下书库延伸到地下 8 层。据介绍，之所以在地下建造书库，是为了保护书籍能够尽可能少地受到外部气候的影响，而且向下扩展也是为了避免建筑高度超过国会议事堂。

参观了东京分馆的主楼后，我来到了关西分馆所在的京都。日本的新干线内部比韩国高铁设计得要宽敞一些，普通席位一排可坐 5 人，特别席位一排可坐 4 人。非要说特色的话，窗外的风景倒是和韩国几乎一般无二，这对我们韩国人来说，也许可以算作一项特色。

京都关西是一座重视文化学术研究的城市，国会图书馆关西分

　　图为日本国会图书馆东京分馆全景，其规模宏大，设计精巧，外观简洁淡雅，透出一种独特的建筑美。

　　刻于主楼中央大厅的警句——真理使我们获得自由。

书库建至地下 8 层是事出有因的。

图为日本国立国会图书馆的藏书保管方式。将藏书摆放在移动式的书架里，可以最大限度地灵活利用空间。

馆于 2002 年开馆，是一座地下 4 层、地上 4 层的现代式建筑。宽阔的草坪上树立着一道简约而不失端庄的玻璃墙。关西分馆是国家电子图书馆及亚洲信息中心，负责保存日本古籍，并为残疾人提供图书馆服务。政府之所以建立国会图书馆分馆，其中一个主要原因是随着馆藏资料剧增，而不得不另设场馆以弥补书库空间的不足。据说日本地震多发，分散保存资料也是建造分馆的一个重要原因。

关西分馆的亚洲信息室收藏着 2.2 万多本韩国书籍，其中包括 2300 种杂志。据介绍，关西分馆正在着手扩大书库，以便日后能够将收藏量扩充到 2000 万册。位于东京的国际儿童图书馆也隶属于国立国会图书馆。国立国会图书馆有 900 多名员工，馆藏资料达 3470 万册，其中包括 900 多万本书籍。在世界各国的议会图书馆中，其规模仅次于美国。

在访问日本国立国会图书馆期间，我被图书馆相关人员的诚意深深打动。在东京的职员带我参观的时候，我提出了几个问题，在我们离开图书馆前，他们便将当初我提的一部分问题的相关回复资料交到了我手里，其他资料则于第二天移交到京都的关西分馆，这样一来，在我到达关西分馆后便可以拿到。其实只是几句话就可以回答的问题，但他们能做到如此细致用心，给我们一行人留下了美好的回忆。

其实在日本参观图书馆的两天时间里，我的心情一直十分复杂，心里一直惦念着日本非法得来的韩国珍贵古籍。

据悉，在日本强占韩国时期，日本派其图书馆管理员到奎章阁整理古籍，之后经由韩国麻浦港运往日本，因此这里可能还有很多我们尚未掌握的珍贵书籍。想到这里，我也只能暗自哀叹，默默安抚自己复杂的心情后，离开了这里。

京都的关西分馆收藏着数量庞大的藏书，还有许多书库尚未启用。

"让小学生一年内
读完 100 本书"的市长

在 2005 年日本北海道惠庭市的市长选举中，无党人士中岛爆冷，票数超过自民党现任市长而成功当选。他获胜的主要原因是竞选宣言获得了市民团体和媒体的认可，其核心内容是"让小学生一年内读完 100 本书"。

对小孩子来说，阅读比任何教育都重要。给小学生提供接近书本的环境也许是保证国家未来最简便的办法。韩国也在践行类似的图书馆活动，图为韩国金海市的图书馆内景。

其当选市长后便在惠庭市开展"阅读起步走"的运动。运动提出：凡出生 9 个月的孩子在接受健康治疗时，政府都会赠送 2 本童话书；同时召集老年志愿者，在幼儿园里为孩子们阅读童话故事；还向辖区内所有小学和初中派遣临时公务员任图书管理员，指导学生阅读书籍。

最终，惠庭市实现了小学生的读书目标，人口也有所增加。据说，自从阅读活动开始后，学校里面孤立、排挤同学的现象也大幅减少。

朝鲜人民大学习堂的普通教室。

鼓励人民学习的图书馆基地

朝 鲜

人民大学习堂

静寂中袭来的平壤回忆

　　游历世界的漫长旅程已经接近尾声之际，我脑海中突然浮现出2005 年访问朝鲜时看到的朝鲜图书馆。当时是 2005 年 10 月，为推进关于金九先生研究的南北合作问题，我来到了平壤，有幸访问了朝鲜国家图书馆——人民大学习堂。当时，我根本没有想到自己有朝一日会成为图书馆人，虽然当时我并没有从职业层面来审度这座图书馆，但当时我所见到的人民大学习堂的景象在多年之后依然记忆犹新，所以将当时的记忆写进本次图书馆纪行当中。

　　站在平壤人民大学习堂远眺大同江对面的景致，视线越过宽阔宏伟的金日成广场，可以看到对面的主体思想塔。

为人民服务
人民大学习堂

　　1982年4月15日恰逢金日成主席70岁生日，这一年的4月1日人民大学习堂举办了开馆仪式。人民大学习堂是朝鲜的国家代表性图书馆，也是综合文化中心，同时还是科学技术的殿堂，人民终身教育的机关。人民大学习堂位于平壤市中心的金日成广场以西，这一地理位置就说明了该图书馆的重要意义。站在人民大学习堂前望向大同江，江对面的主体思想塔尽收眼底。

　　这座图书馆由10幢建筑构成，建筑样式是由传统青瓦和八作（传统朝鲜房屋屋顶构造之一）屋顶组成，共10层，这样宏大的规模在世界单馆图书馆中屈指可数。图书馆约总面积约10万平方米，高约63.56米，长约190.4米，宽约150.8米，其规模可想而知。据说该图书馆在建馆时准备呈现的是群鹤飞向大同江的意化景象，如此磅礴的气势足以让人望而生畏。这里与其说是图书馆，不如说是宫殿，宏伟壮观，美轮美奂。

　　人民大学习堂的一进门便陈设着一座巨大的汉白玉金日成坐像。雕像背后是一幅巨型长白山天池画作。图书馆里张贴着红色标语口号："为朝鲜学习！"朝鲜人民的学习热情展现得淋漓尽致，这一口号也不断激励着人民为了国家奋发图强。

　　这座图书馆设有23间阅览室、14间教室、600多个房间。一次可容纳1.2万名观众。这里的藏书量达3000万本，可以提供外语教育、电脑教学、素养讲座、音乐鉴赏、专家咨询等服务，由此可见该图书馆是一个名副其实的多功能教育场所。

我在参观阅览室时发现里面的读者并不多，询问原因，得知是工作日的缘故。在借阅台前，我看到图书推车运来运去，才得知这里和韩国一样，都是将借阅用的书籍放入推车在书库和借阅台之间往来运送，但可能由于盛放图书的容器材质是铁皮的，而非塑料的，导致在往来运送过程中发出与自己熟悉的图书馆嘈杂声截然不同的声音。

　　朝鲜针对图书馆建设制定了科学的法律条款——《朝鲜民主主义人民共和国图书馆法》（后简称《图书馆法》），于 1998 年首次得以通过，第二年又进行了修订。《图书馆法》将图书馆规定为"提高人民思想意识水平和技术文化水平的重要学习据点"（第二条）；将图书馆工作人员规定为"新科学技术的普及者、社会学习的组织者"（第六条）。我从来没有见过哪个国家会专门针对图书馆和图书馆管理员出台过如此正能量的法律法规，在我成为国会图书馆馆

人民大学习堂既是朝鲜最具代表性的图书馆，又是朝鲜综合性社会教学的基础设施建筑。

音乐鉴赏室里正在听音乐的女学生。

语言学习室里，英语会话课正在如火如荼地进行着。

长后，曾经非常好奇朝鲜这一法案是否源自对某个国家类似规定的借鉴，但经了解，这确实是朝鲜独立制定的规定。

朝鲜图书馆工作人员向我介绍，此地原本计划修建政府大楼，但后来金日成将其改建为"为人民而建的图书馆"。也许正因为如此，金日成生前留下的语录中有很多强调书籍和图书馆重要性的内容。他经常强调人民学习的重要性，同时也将他的理念付诸行动——建立人民大学习堂，并且胸怀远大抱负：要培养出100万名知识分子，翻译100万册外国科学技术书籍。

朝鲜的纸币（1992年始发版）上印有人民大学习堂的全景图案，由此可见这座图书馆给他们带来的自豪感溢于言表。在朝鲜，接待外国贵宾的行程安排中也总是少不了人民大学习堂这一站。2007年在平壤举行朝韩首脑会谈时，时任总统卢武铉的夫人权良淑女士也曾到这里参观。目前，朝鲜每个道都建立了人民学习堂，以鼓励人民学习。

图为中央大厅内部。

人民大学习堂的民族古籍展览室。

朝鲜也收藏有古籍《直指》。据推测，在该图书馆展示的《直指》（下半部）是
20世纪70年代之后制作的影印本。

朝国国会图书馆圆形大厅。

文化遗产与数码技术融合而成的风景

韩　国

奎章阁　榉树图书馆　金大中图书馆　韩国盲文图书馆

LG上南图书馆　阿尔科艺术信息馆　云雀电话图书馆

汉拿图书馆　愚堂图书馆　风图书馆　国立中央图书馆

国会图书馆

踏上探访韩国图书馆的征程，我在奎章阁后面的小路"偶遇"了朝鲜时代。

崇尚人文精神的朝鲜时期

　　韩国图书馆的开端是什么？据推测，古代也存在类似王室图书馆的机构，历史上有事实记载的是朝鲜时期世宗大王建立的集贤殿。集贤殿不仅是王室图书馆，还是一个致力于提高百姓生活水平的自然科学研究所。然而到了世祖时期，这所学术殿堂因涉及端宗复位斗争而被废除。一些正直的学者无法容忍世祖篡夺王位，这也是理所当然的事情。

　　1776 年朝鲜朝正祖即位后成立奎章阁，如今的首尔大学奎章阁与之一脉相承。正祖时期奎章阁是王室图书馆兼学术机构，负责出版、发行、收集、保存书籍，并负责保管重要文件和印章。韩国和世界其他国家情况一样，被后世推崇为旷世明君的帝王都曾建立图书馆，这绝非偶然。世宗和正祖两位统治者有一个共同特点，那就是都曾收到先王的禁书令：过度读书会危害身体健康，别再读书了。由此可见，两位明君都是读书狂，比大臣们还要学识渊博。

正祖的一次伟大尝试
奎章阁

为探访正祖创建的奎章阁，我来到了首尔昌德宫。此前，我辗转于世界上形形色色的图书馆，看到它们的地理位置、宏伟规模、华丽外观、健全设施、珍贵藏品，我曾无数次发出感叹。当我看到韩国18世纪建造的国家图书馆时，又一次被其地理位置所震撼。

正祖把奎章阁建在名为"秘苑"的地方，也就是昌德宫后苑。原本这里属于王室专用，只有君王和王室家族才能进出。奎章阁就坐落在君王的休憩之地——一个景色极美的山丘之上。把自己的专用空间——同时也是最好的风水宝地让给学者，这样的君王绝不是一位普通的君王。

我一边暗自揣测正祖大王的爱学之心，一边经鱼水门来到奎章阁。鱼水门一名取自"鱼水之交"的典故，也就是将君王和臣子比作鱼和水的关系。君王从鱼水门出入，臣子从其侧门出入。奎章阁所在建筑的一层是保存书籍的奎章阁，二层是作为阅览室而设的宙合楼。由于正门上方贴着"宙合楼"的牌匾，因此整幢建筑也称作宙合楼。宙合楼的匾额是正祖亲笔题字而来。

"宙合"是《管子》中记载的一种与宇宙合一的境界。"依靠学识达到与宇宙合一的境界"，这和西方修道院图书馆中所说的"知识是通往天堂的通道"如出一辙。在高深境界之中，东西方都是连贯相通的。

我走进了二层楼的阅览室。这是一间不太宽敞的木地板房间，当时的学者就在此地探讨学问，正祖和大臣们说不定有时也在此地讨论政事。我似乎能感受到正祖大王和丁若镛等大学者们留存在此地的气息。从二楼往下看，氛围静谧清幽，让我感觉沐浴在一种与世俗隔绝的神圣氛围之中。芙蓉池的美景自不必说了，那春天的嫩芽、夏天的绿叶、秋天的落叶、冬天的瑞雪都是一绝。宙合楼旁的书香阁是作为书库来用的。由于奎章阁的空间比较狭小，所以到了正祖五年时就在昌德宫正门附近进行了扩建，新增了很多殿阁。后来在漫长的岁月中逐渐消亡的那些建筑又于1990年根据《东阙图》进行复原。

　　"检书厅"的牌匾格外引人注目。这里是检书官办理公务的殿阁，检书官即现在的图书馆管理员，一旦有新书入库，需要先掌握书的内容，然后对其进行分类和存档。当时，检书官虽然官职较低，但还是需要学识渊博的人才能胜任。丁若镛、李家焕、柳得恭、朴齐家等人都曾担任过检书官，可见这一官职要求为官之人学识何等渊博。

在一个阳光明媚的日子，我来到了昌德宫。芙蓉池后面便是奎章阁。

奎章阁所在建筑。一层是奎章阁，二层是宙合楼。

宙合楼内部。当时学者们曾在这里讨论学问。

改革可以分为"刀下改革"和"笔下改革"，正祖通过奎章阁进行了笔下改革，即利用知识的力量进行改革。刀下改革倾向于改革过去，而笔下改革则倾向于改革未来。如果正祖只想为父亲泄愤，追求报复性、政略的改革，不仅不能青史留名，反而会像燕山君一样难保君王之位。正祖利用知识的殿堂——奎章阁进行客观的、有前瞻性的改革，是因为他本人早已具备准确的判断能力，而这种判断能力是以扎实的学识为基础的。正祖即位后立即建立图书馆，振兴学术，重用学者，推进生产改革，这才是真正高瞻远瞩的君王。

1782年正祖为更好地保管王室书籍，在江华岛行宫（行宫，君王在紧急避难时所居住的宫殿）建立外奎章阁，收藏了包括"仪轨"在内的共1000多本书籍。之所以在江华岛修建行宫，是因为那里泥滩较宽且潮汐变化大，船舶难以靠岸，军队也难以登陆。1866年丙寅洋扰时期，法军袭击江华岛，掠夺了其中一部分书籍，烧掉了剩余书籍。

所谓"仪轨"，是指仪式和规范，是对王室和国家重要活动的起意、准备过程、仪式、程序、实施、善后处理等环节进行整理记录的历史资料。其中不仅有详细的文字内容，画工们还会将当时的活动场景详细描绘下来，功能就如今日的影像资料一般。这些珍贵的资料被联合国教科文组织列入世界记忆遗产。"仪轨"分为很多部，分散在各处史库内部保管。君王御览的"仪轨"大部分都送到江华岛的外奎章阁收藏，其纸、字、画的质量都要优于一般阅览用的"仪轨"。

丙寅洋扰的导火索是一位法国天主教传教士遭大院君迫害且被处决，随后朝鲜教区负责人利德尔神父逃往中国，引来罗兹提督率领的法国舰队侵占江华岛。利德尔神父客观地记录了当时的情况，并将其所记录下的内容以书信形式寄给了哥哥，该文曾在《韩国日报》上连载。连载内容中写到，朝鲜军队大炮的射程只有十多米，所以法军很容易就占领了江华岛。当时的朝鲜朝廷虽然贫穷落后，但是仍然有很多藏书。法军对丝绸包裹着的王室书籍惊叹不已，对金箔印刷、铜铰接等装订术深感意外。这些精美的书籍装帧都是使用在御用"仪轨"上的工艺。

奎章阁图书现由首尔大学奎章阁承管。这里除了《朝鲜王朝仪轨》（2940 册）之外，还藏有《朝鲜王朝实录》（1276 册）、《承政院日记》（3243 册）等

从国家大事到礼仪礼节，这些国家要事都记录在《承政院日记》当中。

宝贵的书籍，被纳入世界记忆遗产，还有 17.5 万多册古书、5 万多册古文件、1.8 万多册书版等共 30 多万件资料。其中正祖日记《日省录》（2329 册）、《三国遗事》（2 册）等 7 类共 7125 册珍贵古籍被韩国政府指定为大韩民国国宝；《大东舆地图》（22 册）、《东医宝鉴》（41 册）等 26 类 166 册被列为大韩民国宝物。首尔大学冠岳校区奎章阁展室也向普通民众开放。

奎章阁藏书现由首尔大学奎章阁承管。图为奎章阁第三书库内设。

位于首尔大学冠岳校区的奎章阁全景。

不与过去纠缠的权力

漫步在正祖大王建立的奎章阁，回顾了他面向未来的改革斗争。如果为解父亲之恨而被过去所束缚，那么正祖现在又会以怎样的形象出现在史书中呢？要想谋求未来，就必须懂得如何结束过去。

中国的战国时期，以合纵之策著称的苏秦为游说赵肃侯而访问赵国之时，赵肃侯正在苦心策划清算既往之仇。一般情况下，清算旧仇往往会伴随着定罪和报复。苏秦很是忧虑，他说道："清算过去固然重要，但过分执着于过去的话，会对国家的未来造成危害。如果要清算过去，也不要采取和过去斗争的方式，而应该策划更美好的未来蓝图，用未来报复过去。只有用未来的光明驱散过去的黑暗，国家的未来才能光明。"

英国首相丘吉尔留下了这样一句名言："若和过去斗争，未来就会死去。"

这些实例都说明了一点：并非是他们缺乏历史意识，而是因为他们清楚地认识到未来比过去更加重要。

可以学习的游乐场
榉树图书馆

　　"榉树图书馆"这个名字真妙。京畿道龙仁市水枝村里守护村子的树几乎都是榉树，孩子们常会聚集在榉树宽大凉爽的树荫下一起玩耍，这使榉树和整个村庄构成了一个共同体。来到榉树图书馆一看，原来这里也是村里年轻妈妈和孩子们的乐园。用村口的榉树来命名图书馆，真是奇思妙想。

　　虽然我常说："到图书馆去玩吧！"但是只有这座图书馆才真正符合这个说法。"去图书馆学习"这话听上去就很没劲。妈妈最好跟孩子说："去图书馆玩儿吧！"抱着放松的心态去玩，一边玩一边自然而然地阅读书籍，阅读书籍会让人沉浸其中。那么这就算是达到目的了。正如中国古代孟子的母亲一样，选择在学堂附近生活、居住不就是对子女教育的第一步吗？如果国家和地方政府能够建立起一批人们仅需步行即可到达的图书馆该多好！

　　位于京畿道龙仁水枝村的这座图书馆在 2000 年建立之初时是一家名为"榉树儿童图书馆"的私人书店，位于水枝村一个公寓底商的地下空间内。2007 年，馆长在景色优美之地重新选址，建造了一座地下一层、地上三层的精致建筑，图书馆也就转移到这里来了。这家新馆的建设费用十分高昂，其中地价为 16 亿韩元（近 900 万元人民币），施工费用为 16 亿韩元（约 900 万元人民币），共花费了 32 亿韩元（近 2000 万元人民币），这些资金都来源于企业和个人捐款。

　　最了解学校的是老师，最了解医院的是医生和护士。也就是说，实际工作人员才是最清楚图书馆该怎样设计的人。因此，建筑在设计之初向图书馆工作人员和读者用户征求意见是非常宝贵的。可惜在多数情况下，图书馆管理员在图书馆建设的过程中是被排除在外的。取而代之的是行政人员和建筑师，他们共同讨论设计，将房屋建好，待内部设备安置好之后，才会聘用图书馆管理员来经营图书馆。而这座图书馆与众不同的是，关于图书馆的设计问题，图书馆负责人与建筑师进行了长达 6 个月的协商。

　　馆长朴英淑就设计问题与建筑家展开了半年之久的"较量"，这一步具有非常重大的意义。如果说她当初给建筑师提出的要求是"请按照这个价格来设计"，那么最终不可能建造出一个像现在这样独具一格的图书馆。好的图书馆不仅要外观与众不同，其内部结构更应该别出心裁、符合图书馆管理员和读者的心理。该图书馆处处都能看到读者喜欢的空间。馆内安装了可供轮椅和图书推车自如

位于京畿道龙仁市水枝村的榉树图书馆全景，这里是母亲和孩子们的乐园。

榉树图书馆馆长朴英淑。她后面的书架布置得非常有趣。

进出的大型电梯，当然，建造之初也有很多人认为这样做所占用的
空间太多，馆长为了说服持反对意见的人也是绞尽脑汁、殚精竭虑。

　　这个图书馆坐落于公寓建筑群的中心位置，这一点非常重要。
馆长说，如果在现在位置的后方 500 米建造图书馆，总费用可以缩
减到现在的 1/3；若是将图书馆建到后山下面，则可以缩减到现在
1/5 的费用，但是她没有因为巨额的经费而让步，依旧选择了现在的
位置。因为朴馆长看到了图书馆的核心要素——亲民性。即使建造
得再好，如果读者少的话，建造这么优秀的建筑又有什么用呢？

　　榉树图书馆在 IMF 管理体制下经历的伤痛和挫折中，提出了
"希望建造一个人人都有权利做梦的世界，借助图书馆来创造更美
好的世界"，并不断茁壮成长，现在，榉树图书馆已经成为一座优
秀的私立公共图书馆。图书馆宣传短片中的第一幅画面上出现了下
面这句话，有力地说明了成立时的情况："新都市瞬间蜕变成公寓
建筑群，就像是一个展示各种社会问题的场馆，竞争、疏远、断绝、

图为榉树图书馆的一层阅览室。对孩子们来说，这里比游乐场更好玩，更有意义。

两极化等不胜枚举。"新都市所共有的问题之一就是人们不问过往、互相隔绝，充分享受彼此匿名的状态；我们的城市很有可能会发展成一个既不体面又没有礼貌的"无礼城市"。

在这种冰冷坚硬的水泥地上种植的一棵榉树为居民提供了一片阴凉，使这里形成了一个温暖和谐的社区共同体，拉近了人与人之间的距离，消除了人们之间的隔阂。我们发现刚出生没几年的孩子并不懂得竞争，他们反而更容易互相帮助、互相配合。这种理念同日本惠庭市开展的"阅读起步走"的活动精神相同，都是"给孩子最好的礼物"。向出生不到一年的孩子赠送绘本是最近这里的地方政府倡导的一项社会运动。虽然不是严格意义上的"阅读起步走"，但是在孩子们懵懵懂懂的时候就给他们提供读书的机会，对他们来说无异于向他们提供了一笔宝贵的财富。

这座图书馆的很多设计都超越了图书馆的基本理念。首先，该图书馆没有防盗系统。也就是说，即使书籍被拿走，无论是谁，总会有人阅读且受益，因此这座图书馆也不会太在意盗窃这一问题。不用多说，我想这座图书馆应该会变成一个"经常扔书、经常丢书的图书馆"。其次，读者在这里的书吧可以一边喝茶，一边看书。书架设计成钻石形状，悬挂在墙壁中央，这种设计既别有韵味又独具匠心，为读者们平添了一丝情趣。不仅如此，书架式楼梯嵌在了墙壁上，这样一来，既可以在上面放书，还可以充当楼梯，这个创意也可谓神来之笔。图书馆中还有一些创意独具一格，例如公告栏上公示的赞助人员名单后会特意标明他们都是"榉树图书馆的朋友们"；为了能够让读者一目了然地了解新书信息，图书馆工作人员将新书封面彩印后摆放在新书角，令人眼前一亮。

不仅如此，图书馆在购买书籍时往往会优先购买超过10万韩元（500多元人民币）的昂贵图书，因为他们知道很少有用户会自己掏钱购买这么昂贵的图书来看，所以读者可能更加渴望在图书馆浏览

"图书分享角"也体现出了图书馆的理念：不介意有人将书拿走。

这类图书，然而这么做绝不是因为该图书馆的资金充裕。

　　榉树图书馆与纽约公共图书馆一样，旨在发展成为NPO（Non Profit Organization，非盈利公共团体）。这座依靠赞助资金建立的图书馆还在赞助其他举步维艰的小图书馆。他们每月向包括兰谷图书馆在内的3家图书馆各赞助200万韩元（1万多人民币）的人工费，这一行动令人动容。探访纽约图书馆时我曾听说过，有的纽约市民甚至会因为图书馆而舍不得搬离纽约，这里也有同样有趣的事情。据说有些居民从国外回来，会因为这座图书馆而选择再次回到附近居住；还有一些家长被调到地方工作，其他家人因为舍不得这座图书馆而选择继续留在这里。"图书馆不是资本主义的逻辑，而是社会主义的设施"，朴馆长的话强调了图书馆的公益性，同时也一针见血地指出了榉树图书馆的建馆理念。

图书馆与亲民性

发达国家在建设城市时，会首先选定图书馆的位置，因为他们非常重视图书馆的亲民性。纽约公共图书馆之所以能够成为市民们喜欢的空间，很大程度上是因为它位于曼哈顿的正中央。读者们乘坐地铁就可以到达纽约公共图书馆，提着购物篮也可以随时进出。有新闻报道称，乡村小学的图书馆迁址后，学生使用图书馆的频率也急剧上升。

据一项以小学生为对象而进行的调查结果显示，有34%的人因为"离家很远"而不使用图书馆，占据最大比率。在建学校时考虑了这一因素，通常情况下，人们会将摄取物质食粮的食堂建在操场对面的较远处，学生们在往返食堂时可以多运动一下身体，进而吃得更多一些；而摄取精神食粮的图书馆则会建在教室附近，以方便学生学习期间使用。

韩国现代史的旋转舞台
金大中图书馆

金大中可谓"活生生的历史"。虽然金大中早已过世，但他的形象对我们来说十分鲜活灵动，而从现实来看，他却已成为历史。因此，要说他是"活生生的历史"。他对韩国国民现实生活的影响很大，至今仍可以说是一位"现在进行时"的人物，一生充满了超越现实的戏剧性。从 20 世纪 60 年代初到现在，可以直言不讳地说：韩国现当代史是属于朴正熙和金大中的历史。韩国不能同时实现工业化和民主化，最终以"先工业化，后民主化"的发展格局走到了今天。朴正熙的工业化和金大中的民主化是大韩民国的两大车轮，也是一枚硬币的正反两面。

前总统金大中在民主化过程中一直站在风口浪尖和漩涡的最中央，金大中图书馆通过展现金大中的个人事迹进而展现了韩国现当代史。该图书馆还陈列着朝韩首脑会谈的史料，再现了他为抵制分裂、构筑和平而采取的一系列行动及成果，很好地体现了一位政治家毕生为改变民族命运而产生的苦恼、付出的执着努力。

"历史是属于记录者的。"金大中似乎深知这句话的含义。他好像从小就知道这些东西会陈列在自己的纪念馆里一样，将自己的小学学生手册、副班长任命书、各级学校的档案、任命书、毕业证、奖状、结业证等都妥善保管起来。其国会议员选举和总统选举的宣传文稿、民主化运动时期的各种声明书、记者招待会文稿、狱中书信、媒体投稿、个人著作等也都展示在这座图书馆里。

图书馆里展示了金大中引领民主化运动的各种勋章与标志——

他用过的拐杖、在监狱里穿过的囚衣、私人印章、2002 年世界杯四强选手们签过名的足球、在各种国际会议上穿过的各国民俗服装、世界各国赠予他的珍贵礼物等。这里还准备了一个专门展示他临终遗物的展台。其中包括一本《圣经》、笔记本、圆珠笔、眼镜、老花镜、录音机、手表、连指手套和袜套等。据介绍，手套和袜套是其夫人李姬镐女士用毛线织成的，录音机是因为他当时已无法再手写日记，因此用作口述录音使用的记录工具。他使用过的时钟还在不差分毫的准确运转着，似乎可以让人真切地感受到主人生前的气息。

　　金大中图书馆由延世大学负责管理，他们不断发掘、收集、保存、管理与金大中有关的政治史史料，目前收集的史料超过 20 万件，其中一半左右已实现数字化，网站上可以提供查阅服务。口述历史项目是邀请那些为民主化运动和统一运动献身的国内外人士，通过

金大中图书馆再现了前总统金大中在青瓦台的办公室。

视频拍摄的形式将他们口述的历史事实记录下来，预计将成为韩国现代史研究的宝贵资料。以金大中本人为例，他共录制了41次、43个小时的采访录像。

金大中图书馆是亚洲第一个总统图书馆，其研究对象是大韩民国历史的一部分——前任总统，在展示总统相关资料领域里面起到了模范带头作用。前总统金大中捐赠的1.6万余册藏书中有1.3万余册保管在延世大学图书馆，其余3000余册在金大中图书馆地下一层的咖啡厅阅览室展藏。该图书馆位于首尔麻浦区东桥洞金大中宅邸旁边，月均有1000多名游客来访。

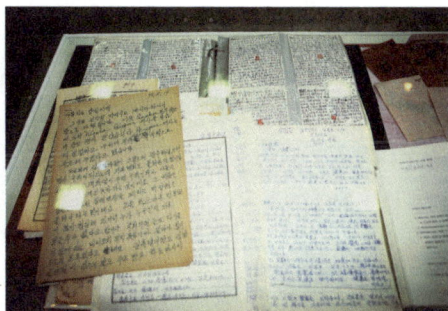

（左）金大中图书馆的展示仿佛是一幅"金大中一生"全景画。
（右）这幅图是金大中在狱中时期与夫人李姬镐女士往来的书信和手稿。

（左）金大中图书馆里干净整洁的展示馆。
（右）保管相关文献的书库。

金大中与图书馆

金大中是书籍造就的伟大人物。由于他没有接受过完整的教育，在年轻时就对知识充满了渴望。在担任国会议员时，金大中被选为到国会图书馆阅读书籍频率最高的议员。因此，他在国会发言时经常引用事实案例和数字。

他把长期的牢狱生活视作绝好的读书机会，用知识把自己武装

起来。在监狱里的阅读和思考使得金大中在缺乏理性和逻辑的韩国政界，成为独一无二的存在。

他还将图书馆管理员安排进亚太和平基金会，在东桥洞和一山的私宅里设立了书房，当选总统后在青瓦台官邸也准备了书房。他是一位非常喜欢学习的阅读家，在其晚年进行几个小时的肾脏透析时，他也会让别人为他朗读书籍。我在阅读他的日记（2009 年 3 月 18 日）时，看到他对知识和权力（知识是将信息包括在内的概念）之间关系的真知灼见，让我惊讶不已。

人类历史……是知识分子掌握主导权的历史。

1. 在封建时代，农民是愚昧无知的，只有少数的国王、贵族和官僚才能掌握知识来经营国家。

2. 在资本主义时代，知识和金钱兼备的资本家掌握着霸权，绝大多数工人和农民是被统治阶层。

3. 随着工业社会的发展，工人也受到了教育，受过教育的知识分子与工人结合起来掌握了政权。

4. 进入 21 世纪，全国人民都掌握了一定的知识，所以直接开始参与国政。2008 年的烛光示威就说明了这一点。

成为盲人的眼睛，带他们看世界
韩国盲文图书馆

研究表明：人在获取外界信息时，有 90%—95% 是通过视觉得到的。有人说"身体值 100 两，眼睛占 90 两"，这不是没有根据的。对于眼睛和视觉的重要性，谁也不会否认。

韩国盲人的登记人数为 28 万多名，如果包括未登记的盲人，可能超过 50 万人。盲文图书馆是盲人群体获取信息、终身教育、恢复训练、文化生活、交友和交流的场所，韩国全国范围内共有 35 家盲文图书馆，然而没有一家是由国家来运营的。

1969 年，盲人陆炳一先生启用个人财产，在韩国设立了第一座韩国盲文图书馆。从那以后，大部分盲人图书馆都以盲人为服务对象展开各项活动。这些图书馆虽然得到了国家和地方政府的部分财政支持，但大部分经营费用却要依靠拉赞助和自主盈利等方式自行筹集。值得欣慰的是，这些图书馆在如此恶劣的环境中依旧顽强地坚持着，取得了丰硕成果。

我来到了位于首尔岩寺洞的韩国盲文图书馆。陆根海馆长是创始人五兄妹中最小的女孩，从小她就在放学回来后帮助父亲用盲文打字机打印盲文。

盲文图书馆并不是仅仅停留在吸引读者亲自来读书，他们更注重的是通过盲文图书出版社等社会企业，制作并提供多样化的盲文书籍服务。在韩国年均出版的 5 万种书籍中，韩国盲文图书馆出版的盲文书籍约占 2%。要想制作盲文书籍，首先要用 word 文档输入普通文字；第二步是校正原稿，然后使用盲文软件将其转换成盲文；第三步需要使用盲文打印机打印盲文；最后一步是使用裁切机裁切纸张，然后装订、粘贴封面。第三步工作在图书馆内进行，再经印刷即可生产出大量书籍。据说，韩国有很多志愿者参与制作盲文书籍。

盲文图书馆早已认识到针对残疾人的个性化服务是非常重要的，他们不仅提供视觉、听觉的服务，还提供触觉等多种信息服务。一开始他们只是单纯地制作盲文书或磁带，现在他们还为弱视者准备了大字符图书（Large Print Book）、普通文字与盲文对照的两用图书、在普通画册里添加盲文插页的图书；在页面上方贴上语音转换条形码、利用声音之眼（Voice Eye）可以收听的有声图书；模拟盒式磁带和数字音频CD、MP3、DAISY（Digital Accessible Information System，数字无障碍信息系统）、CD等录音图书。此外，这里正在制作将图画用纸张或布料制作成模型的触觉图书，以此来提高盲人

用指尖感受的米勒《拾穗者》盲文版。

读书时候的触觉感受。他们还为智障人士将正常内容解析为更加简单易懂的图书。总之，盲人图书馆拥有着各式各样的新奇书籍。

　　该图书馆还运营着一种移动图书馆——"书声公交车"。也就是说，在公交车上装置盲文书籍，提供移动盲文阅读服务，为盲人提供在公交车上学习的机会。

　　目前，盲文图书馆和一般公共图书馆之间的合作并不太顺利。盲文图书馆的发展方向是将各地区所需信息经盲文或音声转换后，提供给残障人士群体。公共图书馆的发展方向则是提供一般图书馆

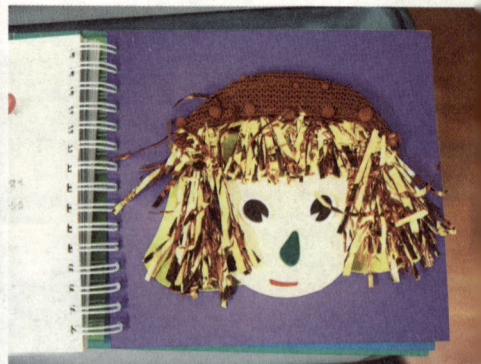

（左）韩国盲文图书馆的陆根海馆长。
（右上）将机器放上去就会出现语音转换条形码"声音之眼"。
（右下）将图片部分进行立体制作的触觉图书。

的服务。两类图书馆分工方式不同，应增加相互合作和交流。例如，为盲人朗读图书的现场朗读服务应该由地区公共图书馆负责等。

虽然这家盲人图书馆希望能够像其他发达国家一样，提供先进的盲人信息服务，但是因为预算有限，目前还存在很多困难。空间不足也是需要解决的问题之一。据悉，韩国现存的盲人图书馆建筑是 1998 年由韩国文化观光部和首尔市共同建造后捐赠的，然而空间条件有限，要想制作新书就不得不放弃现有资料。到图书馆一看我们便清楚其中原因了，盲文印刷机体积较大，占据了很大空间，工作室和出版社也都分散在附近。包括志愿者在内约有 60 多人在该图书馆工作。

据了解，90% 以上的盲人都是在他们出生一年后才出现残疾的，属于后天发育障碍，其中有一半人出现视觉障碍是在 40 岁以后，这意味着任何人都有可能成为盲人。对于盲人来说，不能向他们提供盲文书籍无疑是他们的第二次失明。对残疾人来说，双重障碍是一个很大的问题。双重障碍包括视觉障碍和听觉障碍、精神障碍和视觉障碍、重度行动障碍和视觉障碍、感觉障碍及其他障碍等。其中视听障碍群体因无法看到和听到这个世界，很多时候一整天都被关在家里，即使和家人一起生活，也没有什么事情可做，因此每天从早到晚阅读盲文书籍成为他们唯一的乐趣。韩国盲文图书馆为盲人和阅读障碍群体制作盲文图书、录制综合图书、编辑儿童用普通文字和盲文对照教材，为了开展这些工作，他们正在号召每个韩国家庭捐助 10000 韩元（50 多元人民币），所赞助的资金可以减免个人所得税。

LG 上南图书馆

LG 上南图书馆的独特外观给人留下了深刻的印象。

　　20 世纪 90 年代，美国副总统阿尔·戈尔提倡建设信息高速公路，通过网络进行信息革命，这种革命改变了我们的现实生活。在这个时候，韩国国内也出现了电子图书馆、数字图书馆、无纸化图书馆等词汇，并成为社会中热议的话题。1996 年，在数字图书馆的概念尚未明确的情况下，有一家图书馆推出"国内第一个数字图书馆"的名号，这就是 LG 上南图书馆。LG 上南图书馆位于首尔钟路区苑西洞，透过二层的窗户可以远远看到昌德宫和秘苑。

LG 上南图书馆是由 LG 集团名誉总裁具滋暻捐赠的，他把个人私宅改为了科学技术领域的专门图书馆。他想将引领未来的数码技术汇集起来，建立图书馆，自由提供科学技术信息，以此来表明 LG 集团对研究开发的重视和投资魄力。当时没有任何一家图书馆敢自信地说"数码图书馆就应该是这样的"，仅凭这一点就足以吸引世人的关注。

　　从 1996 年至今，LG 上南图书馆已经把 168 万篇海外科学技术论文实现了数字化，并通过网络免费提供。要知道这些论文在之前很难在韩国国内获取。图书馆建成后，先后有 1000 多家机构的 5600 多名图书馆负责人来此参观学习，这里俨然成了数字图书馆的楷模。

　　值得注意的是，这座图书馆不断适应日新月异的社会环境，融合信息技术完善数字图书馆，开发新的信息服务。该图书馆在韩国最早打出"数字图书馆"的名号，多年来引入了"LG-ELIT"（Electronic Library Information Tour）系统提供专家服务和社交网络服务，开发娱乐科学网站"LG 科学乐园"；采用普适计算技术研发"朗读图书馆"项目。LG 上南图书馆自开馆以来不断进行改革和创新，成为韩国图书馆事业朝未来迈进的风向标。

　　2000 年 7 月，韩国版权法做出修订，首次在法律上规定了数字资料的传输权，如此一来，数字资料的使用出现了制约，动摇了数字图书馆的服务根基。此时，LG 上南图书馆研发出了科学技术领域的专项网站 LG-ELIT 系统。ELIT 服务以综合搜索系统为基础，可以一次性查找散布在互联网各处的优质科学信息，成为科学技术信息搜索的风向标。它不仅可以向用户提供学术论文，还可以提供国际学术会议实况录像、知名学者专题讲座、科学实验影像等 1800 多种学术视频资料。这里收藏的 82% 的学术视频是韩国独有的信息，因此可以提供差别化服务。

　　近来，国内外图书界关注的焦点集中在如何成功引进社交网络服务，以促进图书馆与用户的交流沟通。在这样的背景下，LG上南图书馆于2009年1月在LG-ELIT网站上率先引用了社交网络概念，开辟了"留学指南"和"论文发表指南"服务板块，从而创建了与网民沟通的空间。也就是说，该图书馆形成了一个虚拟共享社区，由科技工作者和专家与用户分享提供留学信息或海外期刊发表论文的信息。

为改善韩国青少年逃避学习理工科的现象，培养青少年一代的科学思维，从2003年开始，这里成立了娱乐教育和趣味科学门户网站——"LG科学乐园"。该项目提供了大量独创性的科学信息，为传播科学文化做出了不可小觑的贡献，短短两年时间就获得了多方认可，并于2005年被授予大韩民国科学信息大奖。LG上南图书馆每年举办"科学颂UCC"征集大赛，制作并提供flash动画歌曲。科学颂项目获得了莘莘学子的热烈欢迎，成为"LG科学乐园"人气

图为LG上南图书馆内设。右边可以看到LG集团名誉总裁具滋暻的半身像，正是他将个人私宅捐赠出来，并改建为图书馆的。

最高的栏目。据说这一栏目目前只面向学生开放，今后将扩大到教师群体和家长群体，提供个性化信息服务。

该图书馆于 2006 年（开馆 10 周年）开始提供"书籍朗读图书馆"服务，就是利用有线网络、无线网络或手机来播放"声音图书"。其目的是为了摆脱时间和空间限制，大力提升了盲人接受信息的机会和体验，从而实现真正的图书普适性。2006 年在首尔举行的世界图书馆信息大会（WLIC）上，LG 上南图书馆将书籍朗读图书馆的具体事例改编成论文，被大会评为优秀论文，刊登在了《IFLA》报刊上。参与"书籍朗读图书馆"项目的不仅有 LG 上南图书馆，还有拥有普适计算技术的 LG CNS、LG 电子、LG 电信等 LG 集团内 IT 领域的子公司。该图书馆为身体不便的人提供优质的服务内容，一直遵守着残障人士数字无障碍信息系统（DAISY）的标准。

通过"书籍朗读图书馆"网站进入语音图书馆，就能看到新书、畅销书、推荐图书、新闻报道等选项。弱视用户可调整主页画面的大小，色盲用户可自行调整颜色。所有菜单选项都可以通过一键快捷按钮直接查询。我当时去的时候，新书专区正在提供《白夜行》《日本，奔向低碳社会》等 2300 多本音频图书的播放服务。点击"播放"，即使没有阅读障碍的读者，也可以通过耳机收听图书介绍和文章内容。阅读障碍患者可以通过语音指引选择和收听想要阅读的书籍，连接无线网络搜索到想要阅读的书籍后用手机下载，在想阅读的时候，可以随时随地听书。

普适图书馆一直只存在于世界人民的想象之中，而这一想象在韩国首次得以实现。现在尚在雏形的"书籍朗读图书馆"将来必定会进一步发展成为位于普适技术前沿的信息服务项目。信息被动疏远人群——残障人士等弱势群体一直以来未能享受到技术进步所带来的福利，如今这里专门为他们设立了普适图书馆，足以说明 LG 上南图书馆的存在价值。

阿尔科艺术信息馆

阿尔科艺术信息馆的文献信息室。

　　韩国也有那种可以听音乐光盘（CD）或观看演出光盘（DVD）同时还能提供借阅服务的图书馆，这里还有可以独自或集体欣赏音乐的音乐鉴赏室。阿尔科艺术信息馆由韩国文化艺术委员会建立并运营，收藏了以演出艺术为中心的28万多件文化艺术信息资料。该馆位于首尔瑞草洞艺术的殿堂Hangaram设计美术馆内，由文献信息室和影像音乐室两部分组成。

　　文献信息室设有演出剧本阅览区域、艺术史口述采集区域、捐

共同音乐鉴赏室拥有让馆方引以为傲的一流音响设备。

赠图书角等。由于剧本和部分戏剧影像资料并非出版资料，所以这里的资料信息很受话剧和舞台艺术学习者欢迎。据说很多人为了查阅资料而不辞劳苦地从外地来到这里查阅。戏剧影像资料和舞台剧本如果没有这类专门的图书馆保存的话，也许有一天都会消失不见，所以这个图书馆的意义非同小可。

演出宣传手册也是如此。这里收集了很多演出宣传手册，我好奇地问这些资料是否已经实现了数字化。工作人员回答说："只获得手册本身的版权许可是不够的，还必须得到上面登场人物的肖像权使用许可才可以将其数字化，因此目前仍然是困难重重。"这就像信息馆收藏的影像资料一样，即使得到摄影师的版权许可，还要进一步得到影像中人物的肖像权许可。因此，文化艺术内容较难建立数据库。

信息馆意义最重大的工作内容之一就是记录元老艺术家口述的自己的艺术生涯，并将其制作成艺术史的口述记录收藏品。随手翻开其中的一本资料，我便发现其中有一部分未展示页，究其原因，原来是有的当事人在采访时虽然口述了与其相关的全部内容，但是会要求暂时不要公开。应当事人的非公开请求，馆方会对其资料中的部分内容暂不展示。这部分受访者会在采访前提出这方面的要求，商定好其要求不公开的部分内容将在口述当事人和口述内容涉及对象全部离世后再予以公之于众。据说多数情况下，在公开的时候都需要先征得家属的同意。

图书馆的影像音乐室里收藏着 CD、DVD、视频、手册、海报、照片等资料，其中设有 40 个私人独享空间，还有交响乐欣赏厅（容纳 50 人左右）、会议厅（容纳 20 人左右）、奏鸣曲欣赏厅（容纳 5 人左右）等公共鉴赏室和研讨会室。很少有人知道这里的公共鉴赏室可以免费使用，因此使用频率并不高。若想使用，只需在使用之日起 2 个月内通过电话或传真申请即可。

这里可以提供文学、戏剧、曼陀林等多种艺术教育项目，还向读者展示从元老级艺术家、个人收藏家那里获得的文化艺术资料，为了让读者感受到演出艺术的精彩瞬间，这里还会展示相关资料和记录，图书馆同时会赞助支持艺术兴趣团体的各项活动。

阿尔科艺术信息馆志在发展成为"韩国文化艺术档案馆"，至今已开馆 30 多年，可惜目前很少有人知道这座图书馆的存在。要想借阅资料，只需缴纳不算多的终身会费，加入正式会员即可。每人每年最多可借阅 5 次，期限为 15 天。我也趁这次机会，成了这座图书馆的正式会员。

云雀电话图书馆

云雀电话图书馆的牌匾。

韩国还有这样一类特殊的图书馆，拨打电话即可通过自动应答系统（ARS）将报纸、杂志和一般书籍以音频的方式传递给读者。云雀电话图书馆不需要用户亲自到访看书，而是通过电话即可了解网上信息，收听书籍、报纸的内容，此图书馆专为盲人而设。韩国第一个无形图书馆——云雀电话图书馆，在世界上率先开发出了使用电话轻松"浏览"网页的软件，并提供免费普及服务。而这一切成果都是盲人群体自己经过艰苦的努力得来的，因此更有价值，意

电话朗读报刊的服务器设备。

义更加深远。申仁植馆长4岁时在一次事故中双目失明，在贫穷和残疾的双重痛苦中，他从事过送报纸、话务员等多种工作，后来在神学大学毕业后，他成为一名牧师。1994年，申馆长成立了云雀电话图书馆，现任韩国盲人传教会代表理事、韩国盲人图书馆协议会会长。他在自己失明的情况下，为了给其他盲人带来一束光明，为发展盲人图书馆事业而鞠躬尽瘁、全力以赴。

该图书馆使用电话朗读的报纸包括《韩国日报》《国民日报》《今日任务》等，杂志包括《时事通报》《首尔残障人士信息报》《读者文摘》《泉水》等。此外，这家图书馆还制作发行盲文刊物，如《十几岁的小纸条》《主妇来信》等，以提供给盲人学校和全国的盲文图书馆。为方便盲人使用电脑上网，工作人员还开发了具备特殊读取功能的网络浏览器"云雀com"，可以将图像转换成盲文并免费发布。该图书馆还正在继续不断拓宽活动的领域。

对于盲人来说，生活中多有不便，其中对于想学习和丰富自身精神生活的盲人而言，出门去实体图书馆和阅读就是他们所面临的最大困难。由云雀图书馆开发的"云雀网"具有语音网页浏览功能，刚好为盲人解决了上述难题。

在我到访盲人图书馆时，他们一直不停地呼吁着希望得到正常人的温暖目光和小小的援助。他们认为，暂且不论过去困难时期人们对他们的漠不关心和冷落，即便是现在，社会对弱势群体的关心大幅提高，但是韩国社会和政策制定部门对待残障人士仍然存在着错误认识。解决残障人士的问题不愿站在残障人士的立场上来看待，而是从普通人的角度单方面处理，对弱势群体而言，他们的内心有着根深蒂固的不信任感，这才是最大的问题。

该图书馆位于首尔会贤洞，共有 6 名职员，每年需要 4 亿韩元（200 多万元人民币）的运营费用。然而首尔市政府和区政府只会向其资助大约 1 亿韩元（50 多万元人民币）的资金，剩下的资金需要用捐款来补足，因此运营也一直是举步维艰。

图书馆之岛
济州岛

　　我很想知道具有地方特色的传统历史文化是如何反映在图书馆上的，因此最先来到的地方就是济州岛。

　　济州岛风多、石多、女人多，因此被称为"三多岛"，但令我意想不到的是，济州岛的图书馆也很多。我原本期待着在济州岛能发现很多与韩国陆地区域的不同之处，结果却首先被这里的图书馆数量吓了一跳。

　　作为国会图书馆的国际合作业务之一，我探访了世界大部分图

济州岛的海域秀丽多姿。在这里可以远望城山日出峰。

书馆，并了解到图书馆作为继承知识传统的机关之一是如何与普通国民进行对话的。在国外游历一圈之后，我自然而然地将重心转向了韩国国内图书馆。在探访完首尔具有代表性的图书馆之后，我便将视线转向了地方图书馆。

济州特别自治道的人口约为 55 万，公共图书馆有 22 个。济州岛地图上标示出来的图书馆紧密而有序地排列在海岸线和汉拿山周围。一眼望去就知道按照全国人口比例来看，人均图书馆拥有量最多的地方就是济州岛了。这也确实在统计数据上得到了验证。除这些图书馆之外，这里由民间自主运营、未包含在统计范围内的小图书馆也有十多所。

文化体育观光部 2008 年度公共图书馆统计调查结果显示，韩国共有 644 座公共图书馆，每座公共图书馆的服务对象人口超过 7.69万人，每名国民藏书量为 1.18 本。济州的人均藏书量为 2.73 本，位居全国首位，济州岛图书馆的各方面服务环境均居韩国首位。在馆均用户量或人均藏书量等单一统计上看，济州岛与世界主要发达国家相比也毫不逊色。

韩国地方图书馆的头号代表
汉拿图书馆

　　我感觉就像从首尔坐飞机上班一样，济州机场下飞机后换乘汽车，屁股还没坐热就到达了汉拿图书馆。汉拿图书馆于 2008 年 11 月开馆时被指定为全国第一位的"地方代表性图书馆"，济州是要向高品位文化社会发展的，汉拿图书馆是济州文化最具代表性的知识信息基础设施。

　　汉拿图书馆作为地方特色化图书馆，当然最能体现个性的地方就是济州文献室。济州文献室是为了突出济州地方特色、加强济州地区信息资源档案化而设立的，这里收藏着 1 万多本资料，其中大部分都是当地居民们自发捐赠的。例如 1956 年出版的《济州道志》（第一辑）、被指定为第 652-6 号宝物的《耽罗巡历图》复印件、《济州 4·3 遗址》和《济州日报》等，研究济州历史和文化的本土文献都汇集于此。

　　《耽罗巡历图》是一本记录了 1702 年朝鲜时代济州牧师李亨祥在济州游历的画册。向朝廷进贡柑橘的《柑橘封进》、在汉拿山中部村落打野鸡的《桥来打猎》等资料都以画册的方式原汁原味地记载了 18 世纪初期济州人的生活方式和历史事实。搜集保护一批本馆独有的、具有重大文化价值的济州文献，建立区域专家网络，构建收集本地资料的基础设施等战略目标，都充分体现出汉拿图书馆未来的存在价值。

　　济州特别自治道以国际自由城市为发展目标，志在实现英语普及。为促进这一目标的实现，汉拿图书馆设有国外资料室和使馆角；

为促使居住在本地的国内外人士进行多元文化信息交流及进一步建设区域共同体，这里还开设了"图书馆朋友""文化艺术小屋"等项目。据说，多媒体室可以提供国会数字图书馆原文搜索服务，月均有50件的搜索需求。因此在这里的人们不用亲自到远在千里之外的国会数字图书馆查找资料，直接在济州岛就可以查阅。

儿童资料室的入口处放置着色彩明快活泼的各色小圆桶，这是供小朋友们放鞋的鞋架，小巧玲珑，十分可爱，格外引人注目。这种细致入微的关怀足以吸引读者小朋友们。我去时，那里刚好有妈妈和小朋友大约20人，正舒适地坐在椅子上或桌子周围看书。这里分别设有6个小馆室，贴着《小王子》《绿野仙踪》《小狗便便》等童话书的题目，大家可以在里面讨论或聊天。此外，这里还设有哺乳室。据说，周末时附近很多都是全家人一起聚在这里看书、玩耍，平时奔波劳累工作的父亲也会在周末为孩子读读故事，这里也是一个可以安心休息的场所。

济州文献室中收藏的《耽罗巡历图》。

色彩斑斓的汉拿图书馆阅览室大厅。有时候这里也会成为朋友们谈笑风生的场所。

"图书馆，向更美好的世界敞开大门""打开书，梦想就会起航"等十分受大家欢迎的名言佳句贴在图书馆的入口和阅览室里，欢迎着大家的到来。休息室墙壁上有一个区域写着"乘文字而行的图书馆之旅"，重点介绍了图书馆的伟人们。其中包括韩国图书馆之父朴奉锡、图书馆学的开拓者梅尔麦尔威·杜威、信息学科图书馆信息系统的先驱者兰开斯特，以及为民族独立在图书馆研究历史的申采浩先生，等等，他们都是韩国国内外的图书馆学者和模范读者，所以这里也是非常值得一看的地方。同时汉拿图书馆还把世界上较早的图书馆埃及亚历山大图书馆、世界非常优秀的公共图书馆纽约公共图书馆、欧洲数字图书馆和韩国图书馆等相关的历史和一些图书馆常识知识整理得通俗易懂，供人们了解学习，我认为这一点是值得其他图书馆学习和效仿的。

该图书馆作为地方共同体的文化空间，通过多种多样的教育项目，正发展成为当地居民生活和学习的场所。在开馆纪念日等特别

儿童资料室入口处小巧玲珑的圆桶鞋柜。

的日子里，该图书馆还会举行话剧演出、图书艺术体验、传统茶道体验等活动。汉拿图书馆共有30名员工，日均向650多名使用者输出信息和文化价值。这座图书馆虽然发展历史较短，但符合"地方代表性图书馆"第一位的称号，正在逐步打造成为"地方公共图书馆"的模范。

　　位于汉拿山山脚下的汉拿图书馆因其周围景色优美，人们可以在这里安心休息，或者整理一下脑海中杂乱无章的想法，但交通上不太方便。虽说有两条市内公交车线路可以到达这里，但似乎还不足以弥补其地理位置上的问题。要想较方便地来这座图书馆，恐怕乘坐私家车是不二之选，这可以说是这座图书馆作为大众图书馆的一个弊端。

五兄弟捐建的
愚堂图书馆

　　济州岛远近闻名的十大名胜称为"瀛洲十景"，描述济州沙罗峰落日情景的"沙峰落照"便是瀛州十景之一。愚堂图书馆就坐落在这沙罗峰之中。虽说是山峰，但因在公园内部，主要由步行小路构成，所走的道路几乎可以算是平地，很好走。后面以五贤高中为代表形成了小、初、高学校教育地带。这里是绕济州岛一周的东环线道路与朝天、南原等地相连的交通要地，大众交通设施也十分完善。在前往愚堂图书馆的路上，分别用石墙划分出了国立济州博物馆、青少年修炼馆、体育中心、金万德纪念碑等区域。

　　从名字上可以看出，愚堂图书馆是私人捐建的公共图书馆。为了纪念曾任第四代济州道知事的金容河先生（别号"愚堂"），继承并发扬他热衷教育、热爱故土的精神，金容河先生的儿子、大宇集团前会长金宇中先生等兄弟5人合力出资建立该图书馆，并以先父之号"愚堂"命名，捐赠给济州道作为公共图书馆。该图书馆于1984年修建，次年捐赠。

　　图书馆地下两层、地上三层，共设有4个普通阅览室（即成人、男学生、女学生和儿童阅览室），以及1个残疾人阅览室，还设有济州资料室、报纸保管室等6个资料室，此外，这里还拥有集体研究室、书法室和小礼堂等基础设施。济州岛的学生们没有课外辅导班，也没有补习班。图书馆建立之时，之所以选址在景色优美的沙罗峰，就是为了让拥有梦想、敢于挑战的学生能够专心学习。这座图书馆是济州最具代表性的信息服务中心，如今这里已经成了拥有

愚堂图书馆的大厅全景

在愚堂图书馆的济州资料室里还收藏着一些关于当地尚未解决的问题的资料。

众多用户、项目多样化的公共图书馆了。

　　如今城市中心不断膨胀，考虑到教育设施和交通问题，我反倒觉得这座图书馆的位置安排得非常好。但在 1984 年建立时，在沙罗峰建立图书馆难道不是一种冒险吗？我的一位济州朋友却给出了不同的解释，对这座图书馆的选址赋予了更加不凡的意义。《正祖实录》中记载了济州一位行义助人的女子金万德的故事。正祖十八年，济州知事曾向正祖求助："济州岛受台风之灾，若不送两万石大米到济州岛，怕是百姓都会被饿死。"于是，正祖便送去了两万石大米，但由于运输途中不幸发生了沉船事故，济州岛的很多百姓还是饿死了。当时有一位名为金万德的女人，因在济州岛做生意而成了富翁，她捐出自己的全部财产，拿出 450 石粮食作为救济粮，援救了 1100 多名受灾百姓。在愚堂图书馆落址沙罗峰的三四年前，"金万德纪念碑"在沙罗峰建成并揭幕。朋友解释说，"用大米救活百姓"的宗旨与图书馆的宗旨非常契合——图书馆是在提供知识和信息来培养引领济州岛未来的优秀人才。

图书馆入口处张贴着各种训谕，"充满希望且可以实现梦想的空间""如果今天不走，明天必须奔跑"，等等，借此来鼓舞人心。济州岛资料室的书架上摆满了当地的文献、族谱、自治条例、本地资料翻译目录等。地方报纸一直对当地一些悬而未决的问题进行实时连载报道和评论，愚堂图书馆收集了自1987年以来这些连载评论的剪报资料，这本身就可以说是一笔宝贵的财富。即使是互联网时代，也不能忽视线下报纸的重要性；即使是在数字化时代，传统的记述方式也并不让人反感。我在纽约公共图书馆也曾看到了剪报。只有使用过剪报的人才能切身感受到剪报的便利之处。这些剪报资料就是史实资料。想要了解"济州十大悬案""济州人的抗日史""济州海女""济州的山峰""济州的树木""济州的水"等问题，只要一看这个剪报，就能一目了然地了解问题的焦点所在，各个事件都按照日期整理得非常仔细清楚。如今这里依然还在坚持进行着这项工作。

该图书馆旨在建成与市民共存的开放图书馆，将夜间开放时间向后延长，阅览室延长到24时，资料室延长到22时，并提供免费深夜班车服务，以保证读者安全回家。愚堂图书馆还为居民的就业和教育提供"数字学习"服务。特别是将读书和马拉松运动结合起来的"愚堂读书马拉松大赛"，在传播读书文化的同时也宣传了图书馆。此外，愚堂图书馆还在日常生活中开展各种文化活动，如创办图书馆文化学校，设立儿童读书教室，举办与家人一起参与的读书夏令营，还开设了走近读者的移动图书馆，为残障人士提供图书配送服务，为儿童和老人义务朗读书籍等丰富多彩的活动。愚堂图书馆是伴随当地居民与地方社会共同成长的公共图书馆，它让我觉得这里就是一个辉煌的舞台，把创建者们的初衷与深意毫无保留地展现了出来。

奇特的书皮封面使用法

　　进入愚堂图书馆大厅，"新书上架了！"几个大字格外醒目，摆满杂志的书架和五颜六色的书皮封面组成了图书馆的新书角。

　　为了吸引读者的视线，不仅仅是作者，出版社也是绞尽脑汁、花费大量时间来设计图书封面。通常情况下，图书的封面上有高度凝练的全书内容宣传信息，同时也必须具备高端、大气、上档次的设计感。然而令人遗憾的是，在图书馆录入资料的过程中，只有揭开书皮，才能对其进行标记或粘贴 RFID 芯片。把如此精美的封面扔掉实在是太可惜了，不仅浪费资源，也太不人性化。如果将这些封面作为新书介绍的工具，对作者、出版社、图书馆和读者来说，则是一件一举两得、皆大欢喜的事情。

有书籍相伴的旅途
风图书馆

　　有一对年轻夫妇像一阵风一样，来到这"多风"的济州岛，他们在多风的山坡上建立了一座小图书馆，这座图书馆就是"风图书馆"。正如图书馆名字中所暗示的寓意一样，这是一座以旅行和休息为主题的图书馆。这对夫妇分别毕业于首尔大学和韩国科学技术院（KAIST），KBS 电视台曾介绍过这对精英夫妇归隐田园生活的故事。

　　人们都说，怀有贪欲的人离开济州岛，放下贪欲的人回到济州岛。也许这对夫妇也是如此。丈夫朴范俊是图书馆馆长，一直在日刊上撰写生态评论，以谦逊的视角来撰写一些回顾自然和回忆世界的文章。他说："为了远离城市中心，过上安静悠闲的生活，我们来到了济州岛。"他的故乡是首尔麻浦。从麻浦到茂朱，再到大田，到潭阳，他过着如风一般的日子。最终他来到济州岛，建造了一家名为"风宿"的民宿，生活安定下来的他渴望通过读书结识新的朋友，于是又经营了这座图书馆。在快速高效的城市生活中，每个人都必须快速高效地生活下去，但是在济州岛，人们不用再费心挣扎地生活。"现在似乎要在济州岛停下来了。"朴范俊笑着说道。

　　在济州市朝天邑卧屹里，风图书馆就位于这火山岛天然形成的万丈窟中以拒文岳熔岩洞窟而闻名的金宁窟一带。站在这座图书馆的庭院里就能看到汉拿山。最初来到济州岛后，朴范俊认为他需要一间可以专心写字的书房，而其妻子则需要一间进行工艺创作的空间，二人还希望能将这一空间对外开放，于是他们于 2007 年 4 月创

一对年轻夫妇抱着能够过上淡定而闲适生活的想法，建造了这座"风图书馆"，和人们在这里以书为媒，邂逅彼此。

办了风图书馆。只需30分钟，从这里可以到达济州任何一个地方，所以从这里出发游览济州岛的行程安排留出一个小时的时间是绝对绰绰有余的。在这里，你会感到一切都可以慢慢来——慢慢走，悠闲自得，无忧无虑。不过二人所经营的这座图书馆也面临着问题，唯一的问题就是经营费用，图书馆的全部支出全靠民宿收入和夫人创作的工艺品所赚的钱来支撑，对于他们来说，其实并不宽裕。

这座图书馆的阅览时间为上午11点至下午6点，总面积约为43平方米，设有阅览室、资料室、办公室。图书馆的藏书量约为2000册，其中1200册左右可供读者阅览使用。只要新书一到，馆长就会将其按照主题重新排列。与普通图书馆的分类大不相同，这座图书馆的书架上按照主题被分为"寻找自我""一生的同行者""绿色的风"等几大类。而大型图书馆一般使用DDC或KDC分类表，不符合风图书馆藏书的特性，所以馆长本人亲自制定了该图书馆的主题，这样游客便可以很快找到自己想要的书籍了。这里的小区居民或当地人在周末会来这里逛逛，从韩国本岛来的游客则多将此地用作休息地。在夏季高峰期，一天会有10人左右来到这里，平时这里也会成为村子里小朋友们的游乐场。之前有个船上图书馆发起了"旅行路上阅读一本书"的运动，朴馆长从这一实例中获得灵感，正在构思制定一个方案，可以让旅客借书后直接在济州机场归还。

朴馆长在此撰写了《世界自然遗产济州岛》一书，以通俗易懂的方式介绍了联合国教科文组织指定的世界自然遗产——济州岛。这本书的图片和审校由济州岛世界自然遗产管理本部负责，图书的英文版已于2009年10月在德国法兰克福图书展上展出，起到了向全世界宣传济州岛的作用。他介绍说，在写书的那段时间，自己甚至比济州岛的当地人更加了解了济州岛。他还说道，对于那些认为在偏远小地方就整天无事可做、不会有大作为的看法只不过是人们的一种偏见。通过与当地文化人士的交流，他意识到自己要做的事情实在是太多了。他表示，想在济州岛通过地区贴近型信息服务与当地居民和世界上其他国家的人进行沟通。他还经常与"雪文台儿童图书馆""不同于女性图书馆"等在济州岛经营小图书馆的人在一起聚会聊天。目前这对年轻的夫妻还没有孩子，他们表示，如果有了孩子，想把孩子送到雪文台儿童图书馆去读书。我所到访的那天，他说刚与妻子一起与准备济州岛女性电影节的相关人士见完面。他表示，根据他的观察，济州岛的女性非常适合这里的自然环境。"她们的眼神坚定，生活能力很强。我妻子也变得越来越像济州岛的女性，不，现在已经很像了。"

朴馆长向我介绍道，曾经有一位年轻的医生来到风图书馆后，整天就是看书，他在树林里散步，在民宿休息，然后再回来看书，就这样度过了9天"无所事事"的假期。济州岛有很多值得参观的地方，这位医生却只待在图书馆里。当时朴馆长还担心他没有休息

站在风图书馆的院子里，远远可以看到汉拿山的峰顶。

好，但这位医生回到韩国本岛后给他发来信息，向他表示感谢，感谢这里让他短暂地远离了疲惫生活，得以舒心地休息——通过书籍获得了休息！书籍不仅可以传递信息和知识，通过书籍与自己的内心沟通时，书籍也可以成为休息的媒介。

　　风图书馆里传来的不知是风吹过紫芒草的声音，还是波涛的声音，传递着凉爽和惬意，其中还夹杂着不知名的鸟叫声。虽然这座图书馆地处偏僻，空间狭小，难免让人感觉有些遗憾，但是这里俨然已经与大自然融为一体，成为大自然的一部分，在这里，我们能够面对人生的重要瞬间。

济州文献出版社
——图书出版阁

　　在探访济州岛的图书馆时，我不约而至，来到了济州岛文献出版社——图书出版阁。据悉，汉拿图书馆在搜集济州文献资料室资料时，曾向该出版社进行了咨询。在愚堂图书馆的济州资料室里，此"阁"出版的书籍也非常多，因为它是济州岛上唯一一个集中发行济州本地刊物的出版社。我想看一下他们的出版目录，于是不请自来，在没有事先预约的情况下便贸然造访。

　　该"阁"于1999年在济州岛成立，迄今为止共策划发行了100多种刊物。出版图书目录中包括济州4·3研究所出版的各种资料集、玄基荣的小说《小纯婶婶》的英文版《Aunt Suni》、民俗写真集《灵》等出版成果，这些成果涉及济州岛的民俗、文化、艺术、环境、历史等多个方面。出版社社长朴京勋是绘画和壁画专业毕业的，他表示，希望今后在解决济州4·3运动上达成共识，将济州岛的历史、民俗、文化、艺术的价值传达给所有读者。

　　由于济州岛上购买书籍的人太少，出版社难以维持。因此，这里真正意义上的出版社只有一家——"阁"。出于对发掘济州文献的使命感和对出版的热爱，即使收支不平衡，该出版社也一直坚持至今，延续着济州文化出版的命脉，成为济州岛唯一的出版社。

探访韩国最具代表性的图书馆
——国立中央图书馆和国会图书馆

国立中央图书馆

国立中央图书馆是韩国最具代表性的国家级图书馆。作为韩国知识信息的总库，负责对国家知识文化遗产进行整体、系统地收集、保存和使用，并将其传承至后代。目前这里分为三个馆室：一是资料保存馆，负责科学系统地保存国宝及宝物级文献；二是国立儿童青少年图书馆；最后是国立数字图书馆。经韩国政府批准，国立中央图书馆有权制定韩国图书馆相关政策，有权策划并推行韩国图书馆的相关发展计划。

在保存和管理资料方面，国立中央图书馆比其他任何图书馆做得更好、更用心。建馆初期，图书馆主要致力于收集分散在全国各地的古籍和古文献，而如今则将重点放在寻找和复原遗失在海外的韩国资料上。国立中央图书馆可以接收韩国国内出版的文献呈缴本，接收后将其集中收集、管理、保存，统一图书目录标准，实现书籍的灵活流通。同时，为了将全国公共图书馆和行政部门资料室所藏资料统合应用，实现同步检索，他们正在着手构建"国家资料综合目录数据库"，为市民能够就近在图书馆查阅资料提供了可能。

此外，持续研究开发和推广韩国特有的图书馆目录规则也是该图书馆的重点项目之一。国立中央图书馆设有图书馆研究所，通过对各图书馆的综合调研，致力于为图书馆提供先进的志愿者服务，在一线解决问题。另外，该图书馆还设立了国立残障人士图书馆支

国立中央图书馆位于首尔市瑞草区。

持发展中心，制定国家图书馆对残障人士的各项服务政策，制作专为残障人士提供的阅读资料等。这些作为保障残障人士有效接收信息的一个社会装置，消除残障人士与现存信息之间的壁垒，意义十分重大。

国立中央图书馆在 2009 年正式开放数字图书馆，以互联网 2.0 用户的"参与和共享"为前提，同时以"Library 2.0 服务"为基础。也就是说，拥有数字信息的机构相互合作，构成"数字信息共享合作网"，通过门户网站提供政策信息、地区信息、多元文化信息、残障人士信息等特殊服务。

国立中央图书馆的数字图书馆的信息广场完全与自然融为一体、和谐共存。数字图书馆中央设有一个绿化带"绿色斑点"，通过"绿色斑点"，自然光可直达地下 5 层的大型花园；这里还拥有覆盖着整个信息广场的草坪广场等。向读者开放的空间是地下 3 层到地下 1 层共 3 个楼层。地下 3 层是地下图书馆信息广场的主要入口。在这里，不管是象征意义丰富的雕塑，还是尖端影像媒体设备，都充分体现了这里就是一个前沿 IT 世界。此外这里还设有展览室、大会议室、多国语言信息室。地下 2 层是为读者提供多样化阅览服务的空间，有笔记本电脑室、数字阅览室（可以搜索数字信息并将其制作成文件）、研讨室、多媒体信息综合放映馆、残障人士服务中心等。

"书海"（www.nl.go.kr/nill）是由国立中央图书馆主办、为图书馆提供互相借阅服务的项目，即可在其他图书馆借阅该馆没有的图书。简而言之，就是收集全国的书籍汇成"书海"。目前，共有 400 多家公共图书馆和 100 多所大学图书馆参与了"书海"项目，也就是说，读者在济州岛也可以借阅远在首尔图书馆里的书籍。

国立中央图书馆于 2009 年开放的数字图书馆。

国立中央图书馆于 1945 年 10 月 15 日在接管了位于小公洞的朝鲜总督府图书馆之后就此诞生。此后政局混乱，国立中央图书馆将全部精力投放到收集散落各地的珍贵书籍上。

　　韩国国立中央图书馆收藏的古书中有很多民间出版的资料，包括族谱、文集、地志等。其中，国家指定文化遗产和首尔市有形文化遗产共 13 种，朝鲜总督府时期收集的相关资料也非常丰富。

　　这里的资料保存馆设备先进齐全，国宝级珍贵书籍和宝物级古书、首尔市有形文化遗产等保存得非常完好。馆藏古书《十七史纂古今通要》（第 148 号国宝）是 1403 年朝鲜最早的铜活字（即癸未字）印刷书籍，在研究高丽、朝鲜时期铸字技术和排版发展史方面具有不可估量的价值。《释谱详节》（第 523-1 号宝物）、25 册《东医宝鉴》（第 1085 号宝物）、《谚解胎产集要》（第 1088 号宝物）等众多贵重书籍皆收藏于此。此外，这里还收藏着广开土大王陵碑拓本，以及朝鲜王朝末期政府与中国、俄罗斯、英国、德国、法国签订的通商条约。

国会图书馆

国会图书馆所渴望的世界是一个"知识和信息犹如蝴蝶一般自由飞翔的世界"。国会图书馆和国立中央图书馆是韩国最具代表性的两大国家级图书馆，负责收集世界知识信息资源，然后提供给国会和国民，为发展议会民主主义和扩大国民知情权做出了重大贡献。同时还保存了立法部的历史动态和人类知识文化遗产，将其传承给后代。

国会图书馆虽是为国会提供立法信息服务而设立的，但是也正在逐渐扩大服务范围，开始面向普通国民提供信息服务——国会终究还是存在于国民之中的。国会图书馆所收集的主要是以社会科学为中心的资料，收集到这些资料后，他们会再找到各相关领域的专家对这些专业化、特殊化的资料进行严格挑选。作为韩国最大的社会科学图书馆，其藏书的数量和质量方面都得到了业内专家的认可。为了响应国民对知识的不同需求，国会图书馆也正在将主题扩大到人文及自然科学领域。

位于汝矣岛国会议事堂旁边的国会图书馆。

国会图书馆的基础服务是为国会提供立法相关信息。这是国会图书馆存在的根本原因，通过这一服务，国会图书馆还可以为全国国民提供服务：相关领域专家、语言专家和图书馆管理员通力合作，针对国会议员和国会立法相关部门提出的立法信息和相关质疑进行解答；提供各种外语服务，例如就国外议会最近的立法动向及政治、社会、经济相关报道进行简要介绍。此外，对于严选出的政策主题，国会图书馆需要将亟待解决的问题以简要报告的形式整理出来，并将参考资料及相关专家或机构整理的知识资料及时构筑成数据库，提供给国会议员和相关机关。

现在，图书馆已经不再只停留在收集和加工信息的阶段，而一跃成为"生产信息的图书馆"，积极开展相关活动。一部由国会议员以及包括青瓦台在内的政府机关、公共机关、研究机关、媒体舆论界、学界等联合发行的"真实信息查询服务"（fact book）就是由国会图书馆开展的活动之一，是图书馆着眼于事实和信息而创建的项目。

就像项目名称一样，"真相之书"将某个特定主题的所有相关事实整理在一本书中。"真相之书"证明了信息和知识的基本出发点就是真相，真相的力量是强大的，真相拥有永恒的价值。具有附加价值的"真相"既可成为各种研究调查和分析的基础，也可以成为判断各种政策的依据。在信息泛滥的时代，仅凭几位专家的意见和报告书来决定国家政策是非常危险的，因此"真相之书"的价值正在逐步显现。"真相之书"这一项目深受读者们欢迎，成为国会图书馆的"镇馆之宝"。

国会图书馆关注的一个敏感话题就是收集和灵活运用国外的最新法律信息。国会图书馆为确保掌握世界各国的最新立法动向和法律信息，以便有效地应用于本国立法过程，在国际上介绍和推广韩国法律，积极参与全球法律信息网（Global Legal Information Network，GLIN）项目。全球法律信息网项目是各国国家代表机构为统一搜索和利用世界各国法律而建立的法律数据库，韩国国会图书馆从 1996 年开始作为韩国的国家代表机构参与了该项目。

国会图书馆为了能够竭尽所能地服务普通国民，制定了国家图书目录，赞助并支持普通国民的研究活动，同时建立电子图书馆，使得国民可以不受时间和空间的限制，随时随地在国会图书馆查阅资料。

国会图书馆的国家图书目录编撰工作大体分为：制定韩国硕博论文总目录，以及对国内外期刊报道制作索引。每年韩国国内大约有 8 万余篇硕博论文发表，国会图书馆建立起了硕博论文综合目录和原文数据库，成为在韩国拥有学位论文数量最多的图书馆。韩国所有的硕士、博士学位获得者进行先行研究调查时，必须要使用的数据库就是学位论文数据库。也许大部分硕博研究生在论文写作的过程中也都曾使用过国会图书馆的此项功能。

国会图书馆信息阅览室构建出了庞大的数据库。

期刊新闻索引是以馆藏期刊中学术性较强的连续型刊物为中心编写的。目前共拥有国内外 8700 多种、250 多万篇新闻索引；此外，政府刊物、网络资源等也是国会电子图书馆的重要组成部分。

1997 年国立中央图书馆、国会图书馆、法院图书馆、产业技术研究院、研究开发信息中心、高级学术信息中心等共同参与实施了"国家电子图书馆构建基本计划"。按照这一计划，国会图书馆将于 2009 年底建立政府刊物、学位论文、学术期刊约 1.15 亿页的原文数据库。与国会图书馆签订合作协议的 1000 多个学术、公共和媒体图书馆可以使用该数据库。这样做的理论依据是：知识信息在共享时价值会翻倍。韩国国会电子图书馆是世界级水平的电子图书馆，日均有 4 万多名用户来访使用。

图书馆无用吗?

"这座图书馆却会一直存在,充满着宝贵的书卷,无用的,但又不会腐烂的秘密,静止的,但又是光辉灿烂的。"

博尔赫斯所著西语短篇小说《巴别图书馆》在翻译成韩语的时候,去掉了其中一个单词——"inútil",这个词的意思等同于英语中的"useless"。为什么在翻译成韩语时要去掉这个单词呢?这样做都是有理由的。不去掉的话,图书馆就突然变成"无用"的了。博尔赫斯比任何人都热爱图书馆,为何会留下如此令人难以接受的"恶评"呢?

中国的道家学派代表人物庄子在其著作的《庄子·外物》篇中说道:"天地非不广且大也,人之所用容足耳。然则厕足而垫之,致黄泉,人尚有用乎……然则无用之为用也亦明矣。"乍一看似乎没有用处,但其实有很大用处,这就是"无用之用"。

博尔赫斯是一位矛盾悖论大师,对于东方哲学思想的造诣也颇为高深。他若说图书馆是"无用"的,我只能斗胆这样来理解:他说的"无用"是引用了庄子的"无用之用"。正如博尔赫斯所说,图书馆之所以看起来毫无用处,是因为即使没有它,也不会对眼下的生活造成影响。但如果仔细琢磨他说的话,就会发现其另有深意:

图书馆似乎看起来毫无用处，实际上却有很大的用处。如果阅读这篇文章的读者能够体会到这一点深层次的含义，那么作者也就达到了当初的预期而了然无憾了。

　　为了撰写这本书，我在汝矣岛办公室的电脑前埋头苦干，已经持续了一个多月了，中间没有休息日。有时候我在想，世上还有没有比写作更让我头痛的事情？回顾过去的旅程，幸福和遗憾之情参半，但现在我已经自由了！解放了！现在我又想某天继续来一次说走就走的新旅程。俗话说：旅行就是为了寻找自己而离开，却又在途中迷失自己。在探访图书馆这段漫长的旅行中，我曾在人类历史上伟大的知识分子留下的数万条道路上迷失。然而，这世上终究有这样一个地方——一个因为有书而让我感到幸福的地方，一个能够在幽静的书架上拥抱梦想的地方，就是我再次来到的这个地方——图书馆。

图片提供

本书除了作者本人拍摄的影像，还得到了图书馆和版权人的帮助。在此十分感谢各位提供的图片。姓名（机构名称）后面的数字表示页码。

Alain Goustard 89

Bernd Thaller 60

LG 上南图书馆 356、358

Martin Toedtling 63

韩国国立中央图书馆 383、384

韩国国会图书馆 328、329、386、388

金大中图书馆 349（上两幅）

金艺媛 37、366

美国纽约公共图书馆 211

大英图书馆 34、35、36、39、41

都英珠 320、321、322、324、325、326、327

美国议会图书馆 205、206

中国上海图书馆 305、308、309

埃及亚历山大图书馆 22、24、25、26

英国下议院图书馆 45、46

日本国立国会图书馆 310、311、315、316

中国国家图书馆 286、293

因未找到版权人而未获得刊载许可的图片会在联系到版权人、得到刊载许可后按照通常标准支付使用费。